CONTEN[illegible]

Differences to 5 2
Subtraction Facts to 5 5
Subtraction Practice 6
How Many Ways Can You Subtract from Ten? 8
Subtract 1 or 2 by Counting Back 9
Subtraction Facts for 0, 1, or 2 10
Subtraction Facts for 3, 4, or 5 11
Use a Number Line to Subtract 12
Math Riddle: Subtraction to 10 14
Make Subtraction Sentences 15
Differences to 12 18
Subtraction Facts to 10 19
Missing Numbers: Subtraction Facts to 12 20
Math Riddle: Subtraction Facts to 12 21
Subtract 1 or 2 by Counting Back 22
Make 10 to Subtract 23
Subtract 7, 8, or 9, from 11 to 20 24
Subtraction Practice: Differences from 11 to 15 .. 25
Subtraction Practice: Differences from 16 to 20 .. 26
Subtraction Practice: Differences from 11 to 20 .. 27
Missing Numbers 28
Math Riddle: Subtraction Facts to 20 29
Subtraction Facts to 20 30
Subtracting Tens 31
Use a Number Line to Subtract 32
Two-digit Subtraction Without Regrouping 33
Math Riddle: Two-digit Subtraction Without Regrouping 35
Math Riddle: Two-digit Subtraction Without Regrouping 36
Make 20 to Subtract 37
Practice Regrouping Ones as Tens 38
Two-[illegible]egrouping 40
Math Riddle: Two-digit Subtraction with Regrouping 43
Math Riddle: Two-digit Subtraction with Regrouping 44
Math Riddle: Two-digit Subtraction with Regrouping 45
Subtraction Match 46
Three-digit Subtraction Without Regrouping ... 47
Math Riddle: Three-digit Subtraction Without Regrouping 49
Math Riddle: Three-digit Subtraction Without Regrouping 50
Three-digit Subtraction with Regrouping 51
Subtraction Match 54
Math Riddle: Three-digit Subtraction with Regrouping 55
Math Riddle: Three-digit Subtraction with Regrouping 56
Math Riddle: Three-digit Subtraction with Regrouping 57

Subtraction Tests
- Differences to 10 58
- Differences from 11 to 20 62
- Two-digit Subtraction Without Regrouping .. 67
- Two-digit Subtraction with Regrouping 72
- Three-digit Subtraction Without Regrouping . 77
- Three-digit Subtraction with Regrouping 82

How Am I Doing? 87
Certificate of Merit—Subtraction 90
Answers 91

1. Count the blocks, then cross them out to help you subtract.

■ 1 – 1 = <u>0</u>	■■■■■ 5 – 4 = _____
■■■ 3 – 2 = _____	■■■■■ 5 – 3 = _____
■■■ 3 – 1 = _____	■■■■■ 5 – 1 = _____
■■■■■ 5 – 2 = _____	■■■■ 4 – 2 = _____
■■■■ 4 – 3 = _____	■■■■ 4 – 1 = _____

Differences to 5 (continued)

2. Draw ●s, then cross them out to help you subtract.

 5 – 4 = 1	1 – 1 = ____
5 – 1 = ____	4 – 3 = ____
3 – 1 = ____	3 – 2 = ____
4 – 1 = ____	5 – 2 = ____
5 – 3 = ____	4 – 2 = ____

Differences to 5 (continued)

3. Subtract.

5 – 1 = ______	3 – 0 = ______	4 – 0 = ______
2 – 0 = ______	2 – 2 = ______	4 – 3 = ______
4 – 2 = ______	1 – 1 = ______	3 – 2 = ______
5 – 2 = ______	1 – 0 = ______	4 – 4 = ______
5 – 4 = ______	2 – 1 = ______	3 – 3 = ______

Subtraction Facts to 5

1. Subtract.

$5 - 5 = $ ___	$3 - 2 = $ ___	$1 - 0 = $ ___	$4 - 3 = $ ___	$5 - 4 = $ ___
$5 - 2 = $ ___	$5 - 0 = $ ___	$1 - 1 = $ ___	$2 - 0 = $ ___	$5 - 3 = $ ___
$5 - 1 = $ ___	$4 - 0 = $ ___	$4 - 4 = $ ___	$2 - 1 = $ ___	$4 - 3 = $ ___
$2 - 2 = $ ___	$4 - 1 = $ ___	$3 - 1 = $ ___	$3 - 3 = $ ___	$4 - 2 = $ ___

Subtraction Practice

1. Write the number sentence.

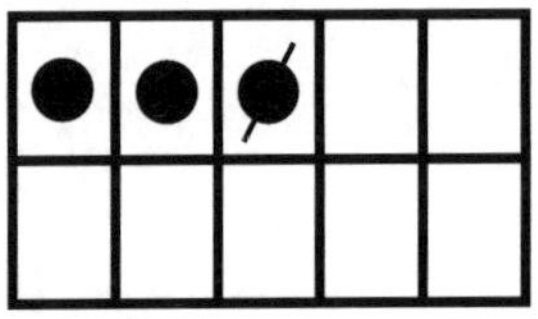

3 – 1 = 2

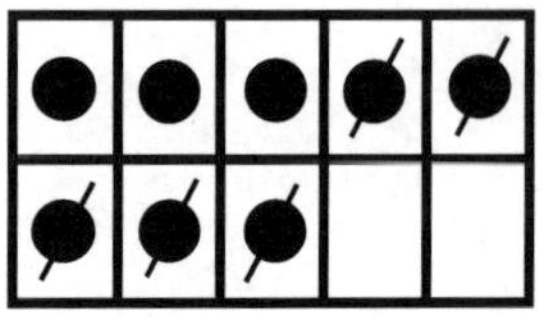

_____ – _____ = _____

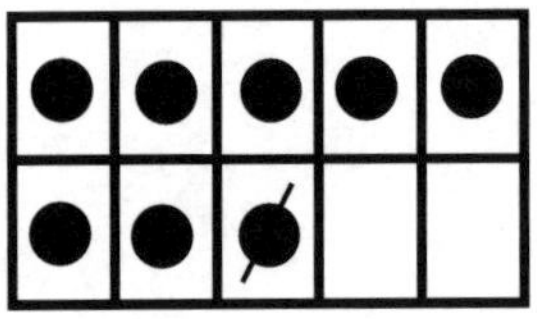

_____ – _____ = _____

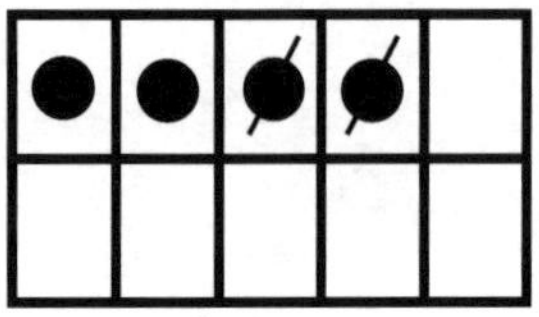

_____ – _____ = _____

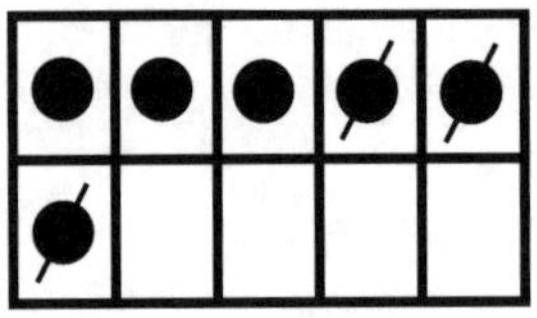

_____ – _____ = _____

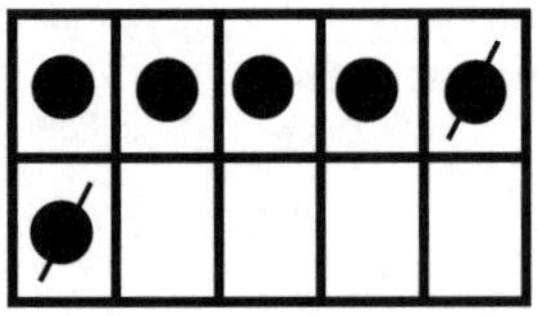

_____ – _____ = _____

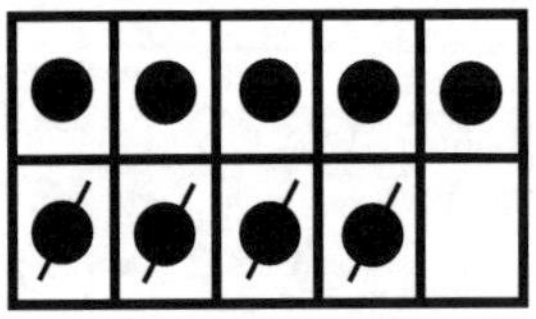

_____ – _____ = _____

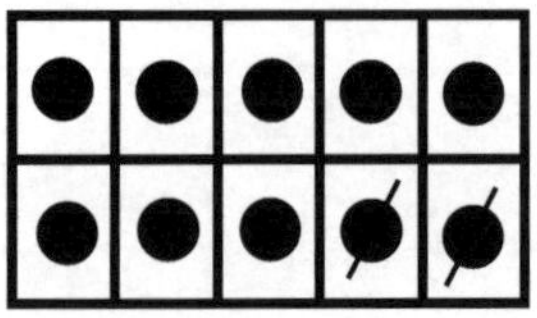

_____ – _____ = _____

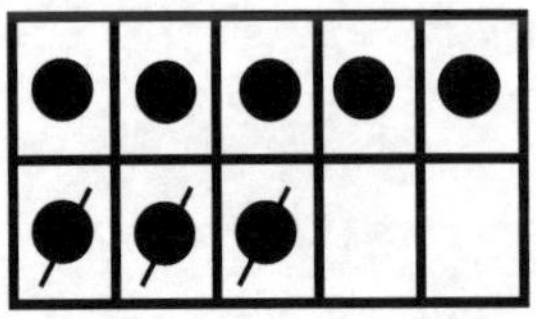

_____ – _____ = _____

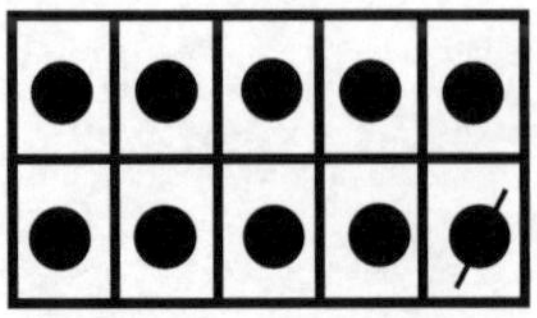

_____ – _____ = _____

Subtraction Practice (continued)

2. Write the number sentence.

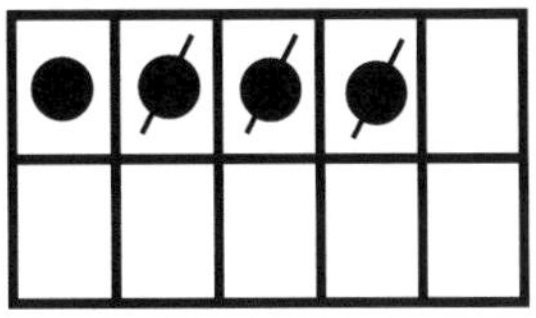

_____ – _____ = _____

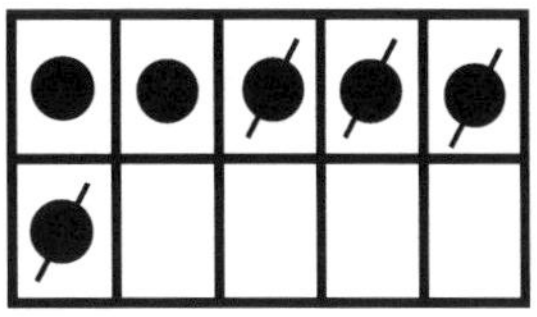

_____ – _____ = _____

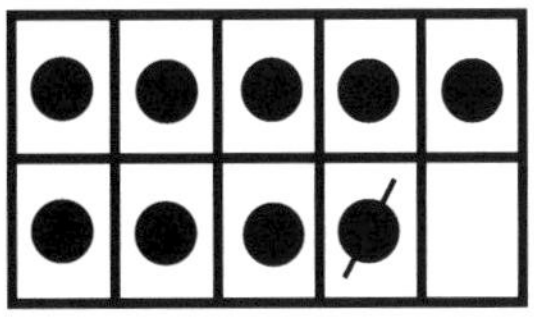

_____ – _____ = _____

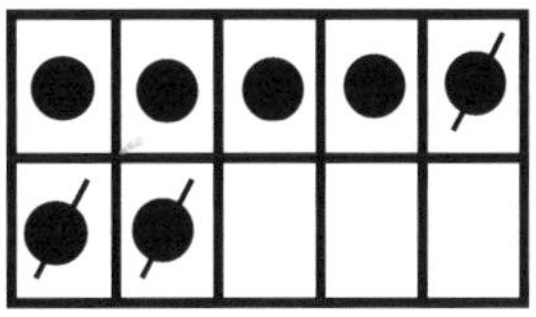

_____ – _____ = _____

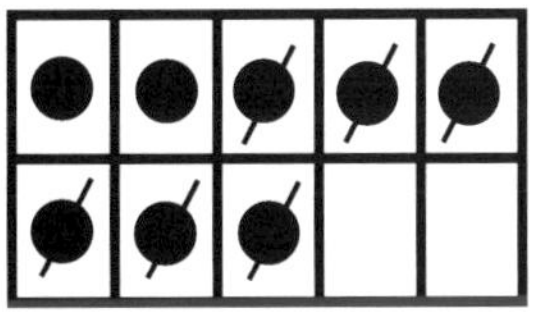

_____ – _____ = _____

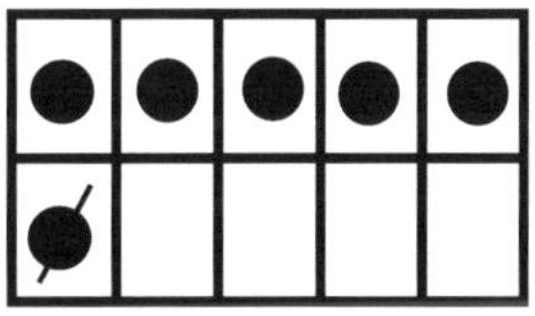

_____ – _____ = _____

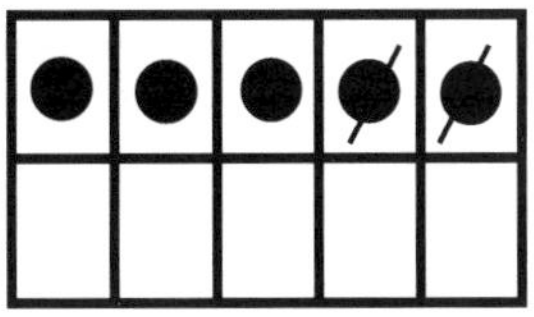

_____ – _____ = _____

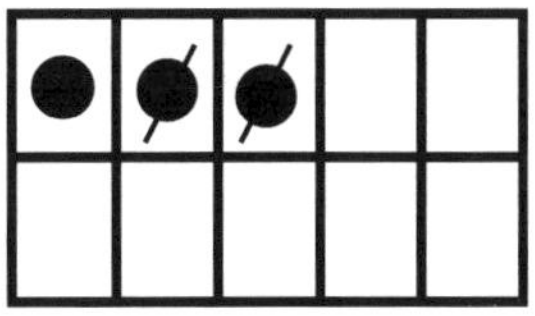

_____ – _____ = _____

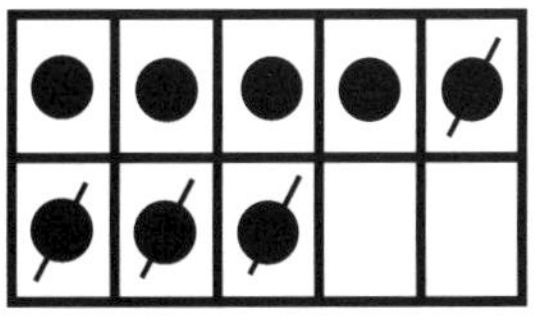

_____ – _____ = _____

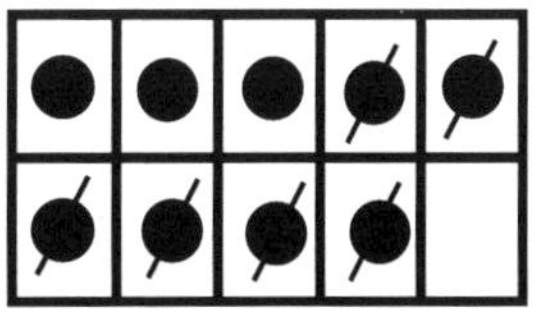

_____ – _____ = _____

How Many Ways Can You Subtract from Ten?

1. Use the ten frames to show different ways to subtract from ten.

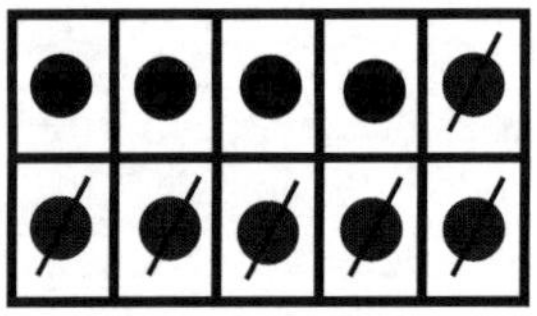

10 – 6 = 4

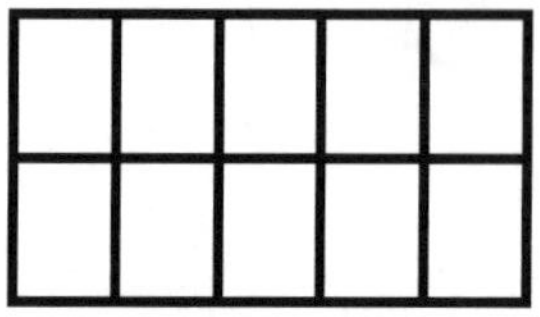

10 – ____ = ____

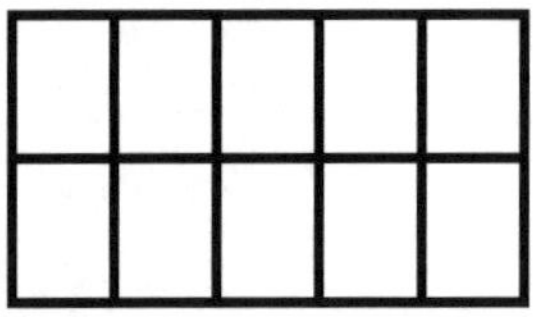

10 – ____ = ____

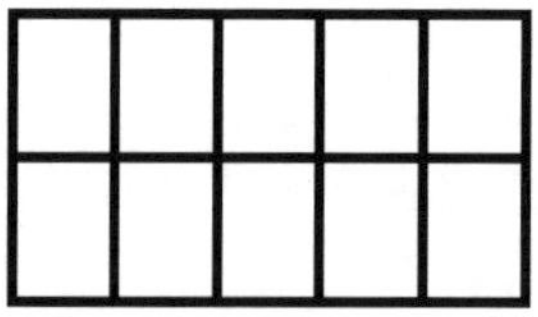

10 – ____ = ____

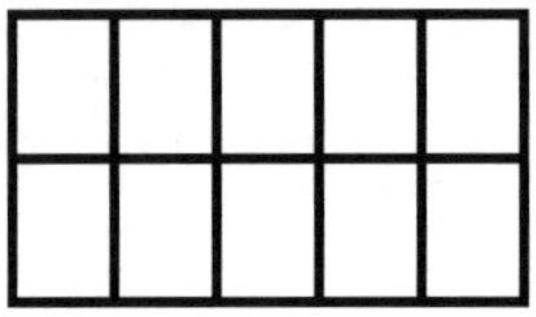

10 – ____ = ____

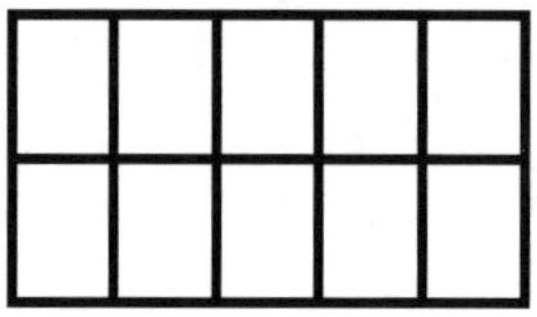

10 – ____ = ____

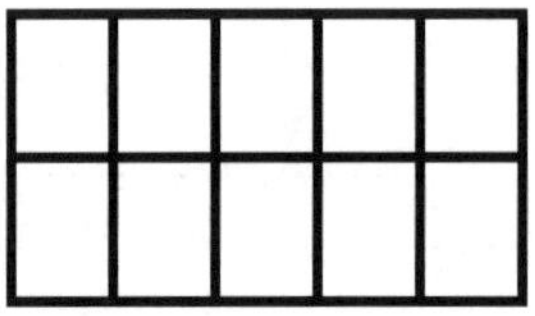

10 – ____ = ____

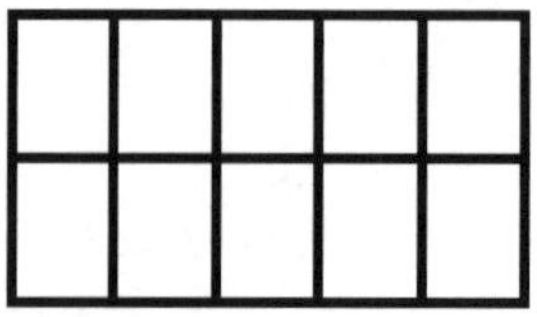

10 – ____ = ____

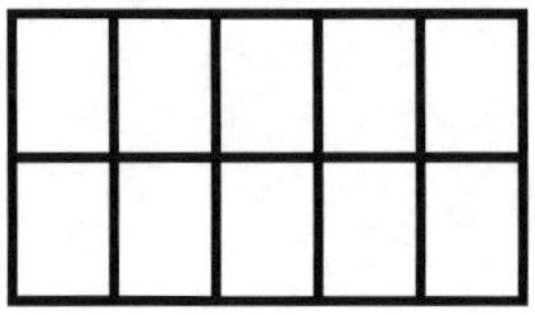

10 – ____ = ____

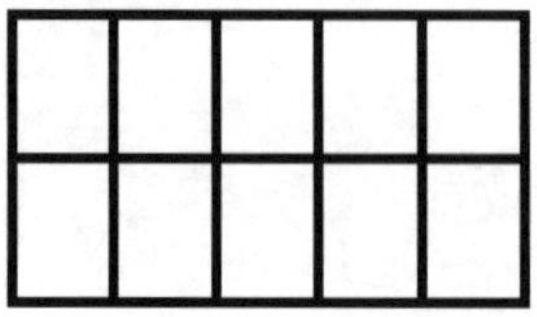

10 – ____ = ____

Subtract 1 or 2 by Counting Back

Subtract 1 by counting back.	Subtract 2 by counting back.
2 – 1 = ____	5 – 2 = ____
Count back from the first number.	Count back from the first number.
Count out loud.	Count out loud.
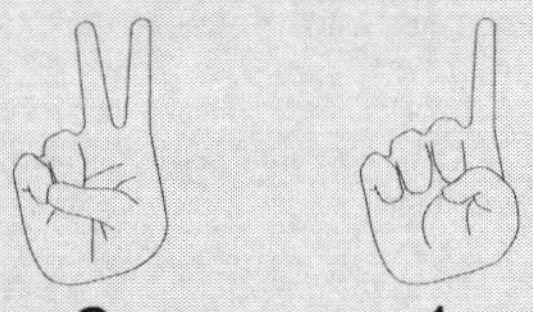	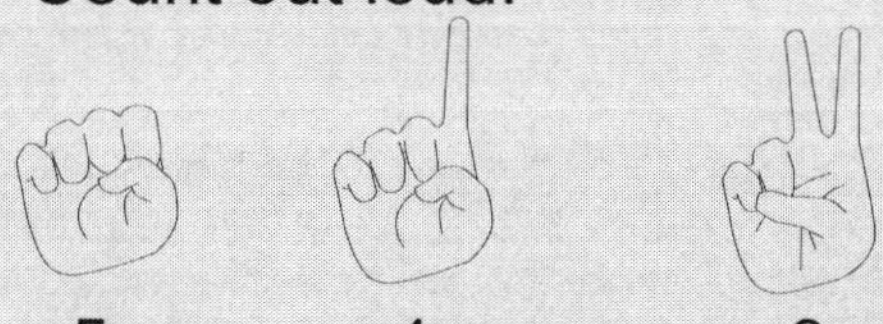
2 1	5 4 3
Stop when 1 finger is up.	Stop when 2 fingers are up.
2 – 1 = 1	5 – 2 = 3

1. Subtract by counting back.

4 – 1 = ____ 4, ____	6 – 2 = ____ 6, ____, ____
10 – 1 = ____ 10, ____	7 – 2 = ____ 7, ____, ____
8 – 1 = ____ 8, ____	4 – 2 = ____ 4, ____, ____
9 – 1 = ____ 9, ____	3 – 2 = ____ 3, ____, ____

Subtraction Facts for 0, 1, or 2

1. Subtract. Remember to count back.

$9 - 2 =$ ___	$8 - 1 =$ ___	$5 - 0 =$ ___	$9 - 1 =$ ___	$6 - 0 =$ ___
$10 - 1 =$ ___	$6 - 2 =$ ___	$9 - 0 =$ ___	$2 - 1 =$ ___	$4 - 2 =$ ___
$7 - 1 =$ ___	$8 - 0 =$ ___	$3 - 0 =$ ___	$6 - 1 =$ ___	$10 - 2 =$ ___
$4 - 1 =$ ___	$5 - 1 =$ ___	$7 - 2 =$ ___	$4 - 0 =$ ___	$8 - 2 =$ ___
$3 - 2 =$ ___	$7 - 0 =$ ___	$2 - 2 =$ ___	$1 - 1 =$ ___	$3 - 1 =$ ___

Subtract Facts for 3, 4, or 5

1. Subtract.

6	9	4	8	7
− 4	− 5	− 4	− 3	− 5
10	8	6	9	5
− 3	− 4	− 5	− 4	− 5
6	10	8	3	7
− 3	− 5	− 5	− 3	− 3
10	7	9	4	5
− 4	− 4	− 3	− 3	− 4

Use a Number Line to Subtract

Use a number line to subtract.

9 – 5 = 4

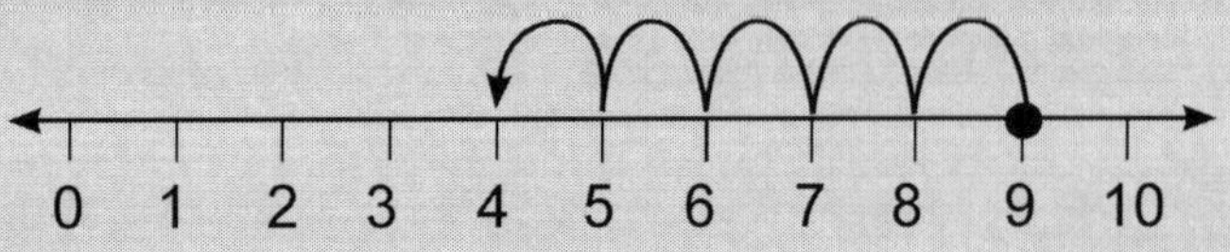

SAY: 9, 8, 7, 6, 5, 4

Mark a dot at 9.
Draw 5 jumps to count back.
Stop at 4.

1. Use the number line to subtract. Mark a dot to show where you start. Next count back by drawing the jumps. Write the answer.

10 – 5 = ______

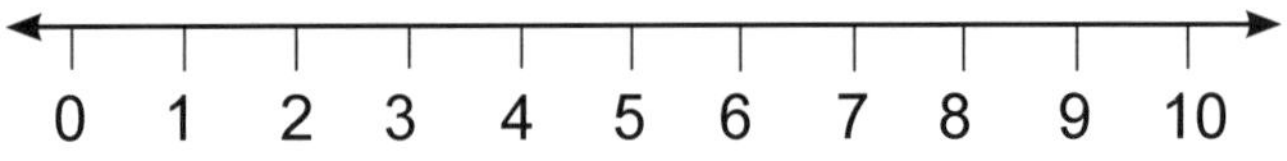

9 – 4 = ______

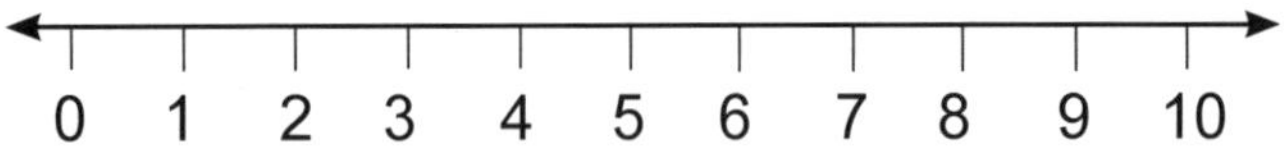

8 – 1 = ______

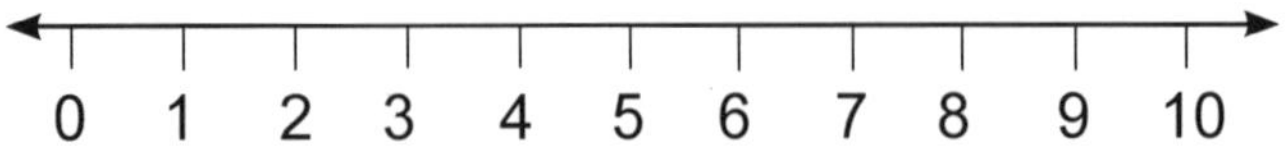

6 – 2 = ______

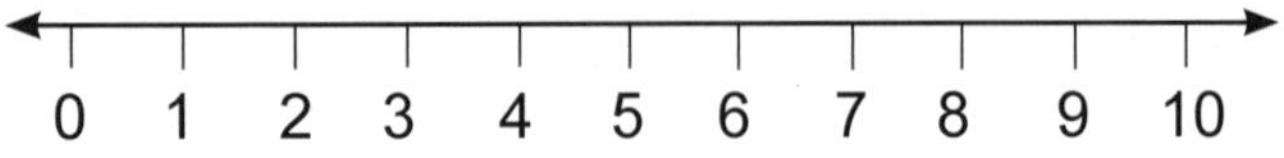

Use a Number Line to Subtract (continued)

2. Use the number line to subtract. Mark a dot to show where you start. Next count back by drawing the jumps. Write the answer.

9 – 5 = ______

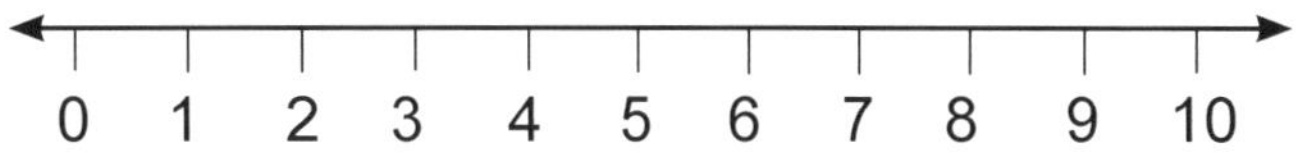

5 – 3 = ______

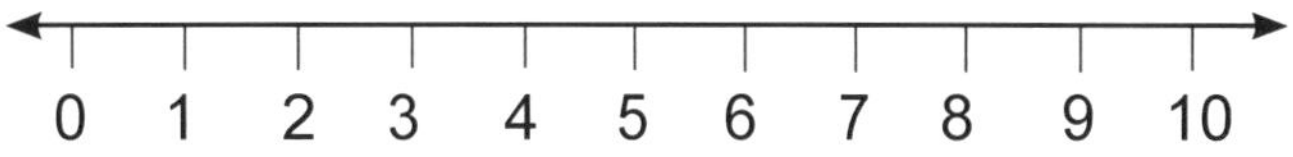

7 – 1 = ______

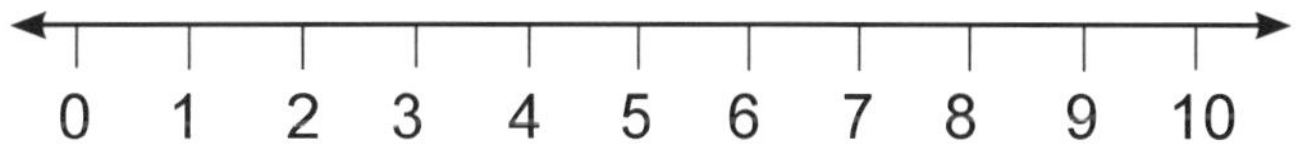

8 – 6 = ______

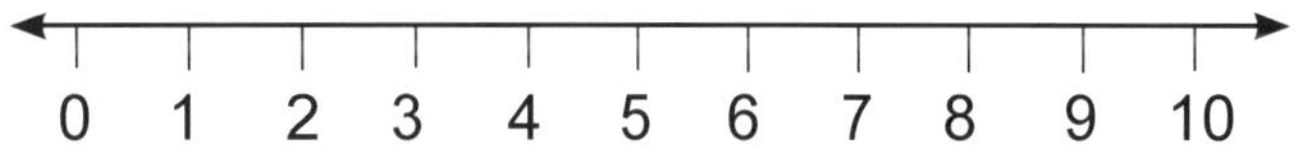

10 – 3 = ______

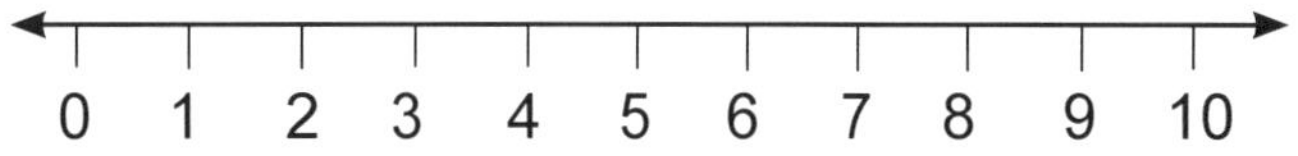

7 – 6 = ______

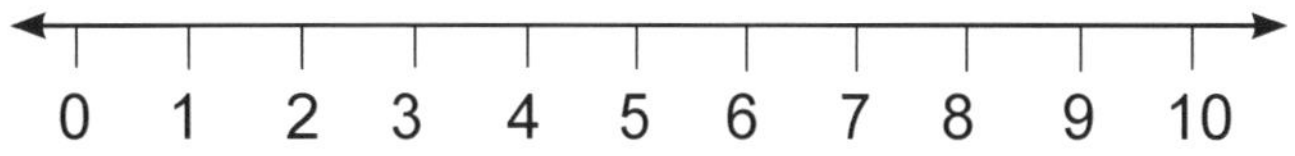

9 – 8 = ______

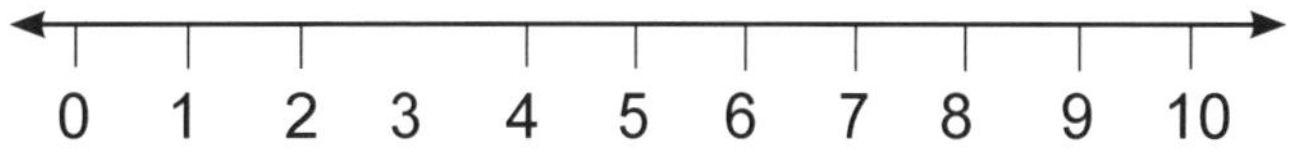

Math Riddle: Subtraction Facts to 10

How do astronauts get a baby to go to sleep?

__ __ __ __   __ __ __ __ __ __ !
2 6 9 1   8 10 7 3 9 2

A 9 – 4 =	**B** 7 – 3 =	**C** 9 – 2 =	**E** 9 – 0 =
H 8 – 2 =	**K** 4 – 1 =	**O** 10 – 0 =	**R** 10 – 2 =
T 5 – 3 =	**Y** 3 – 2 =		

Watch out! Some letters are not used in the riddle.

Make Subtraction Sentences

1. Cross out the blocks you want to take away. Colour the blocks left. Complete the subtraction sentence.

4 – 2 = 2

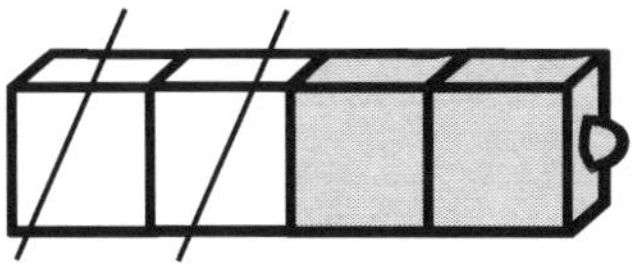

4 – ___ = ___

4 – ___ = ___

4 – ___ = ___

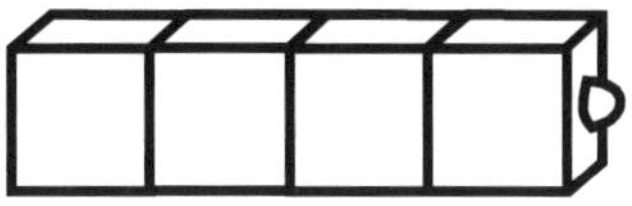

9 – ___ = ___

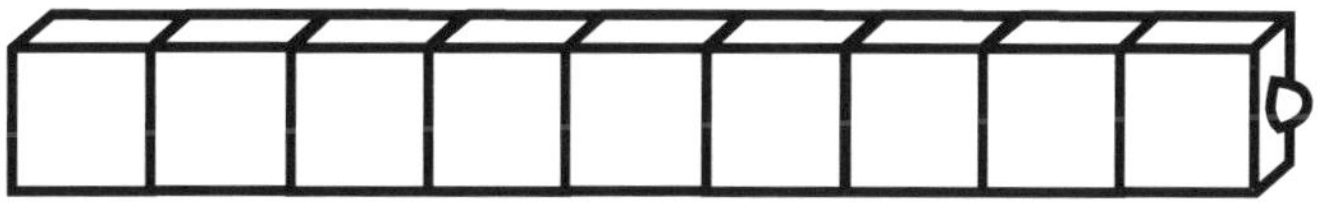

9 – ___ = ___

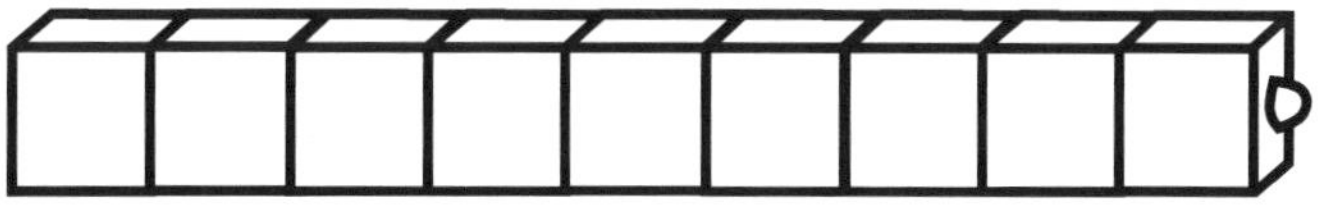

9 – ___ = ___

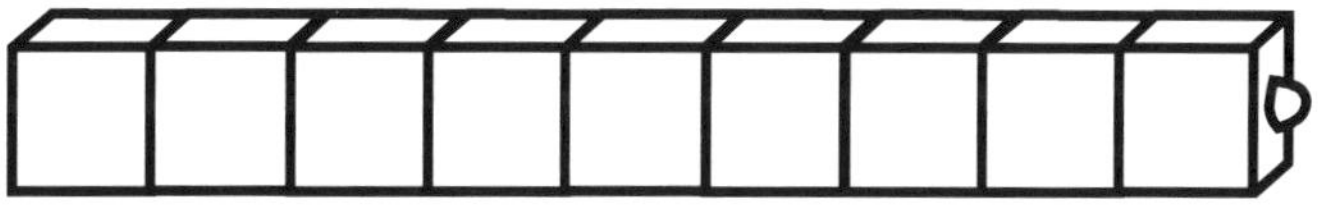

9 – ___ = ___

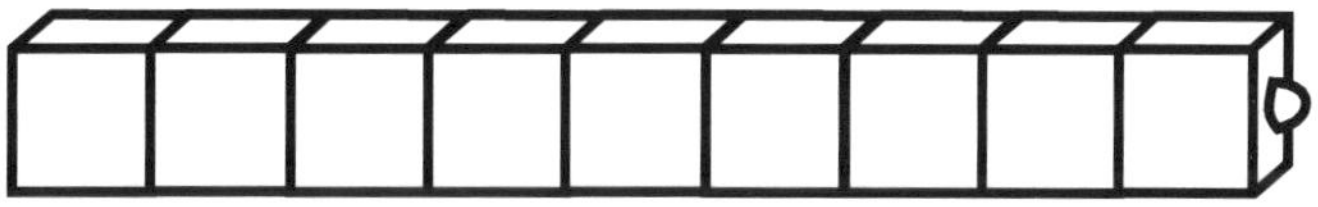

6 – ___ = ___

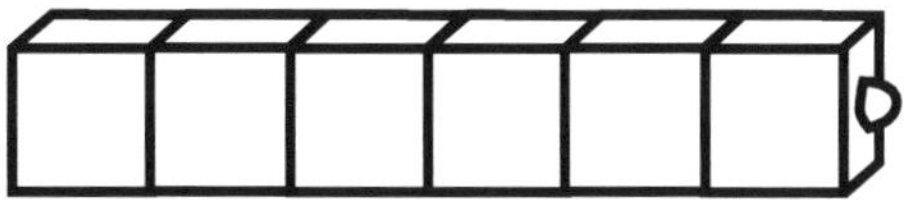

6 – ___ = ___

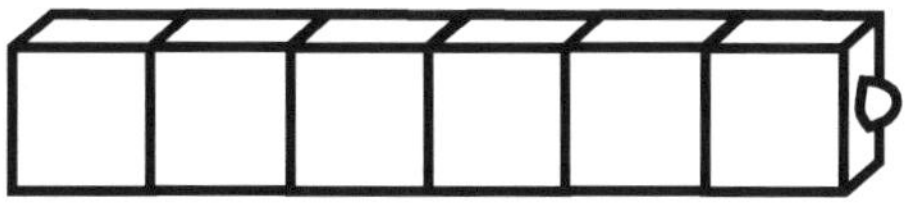

6 – ___ = ___

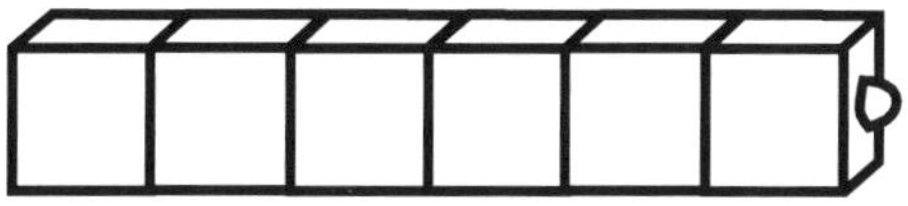

6 – ___ = ___

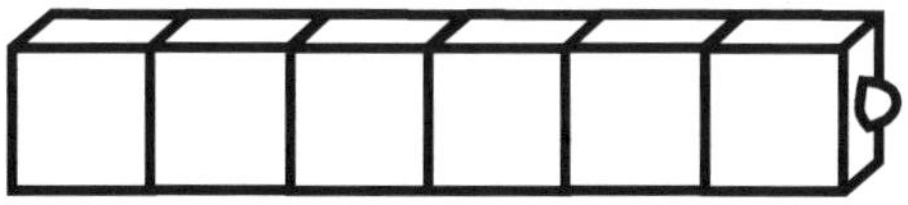

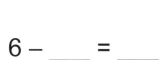

Make Subtraction Sentences (continued)

2. Cross out the blocks you want to take away. Colour the blocks left. Complete the subtraction sentence.

12 – ____ = ____

12 – ____ = ____

12 – ____ = ____

12 – ____ = ____

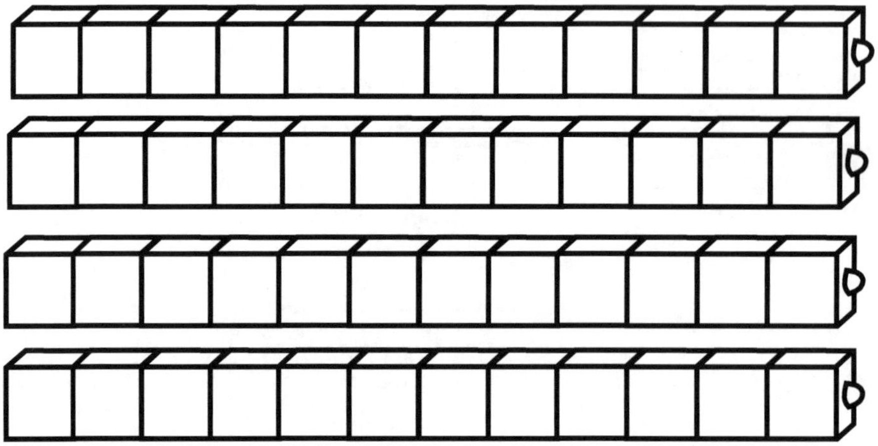

5 – ____ = ____

5 – ____ = ____

5 – ____ = ____

5 – ____ = ____

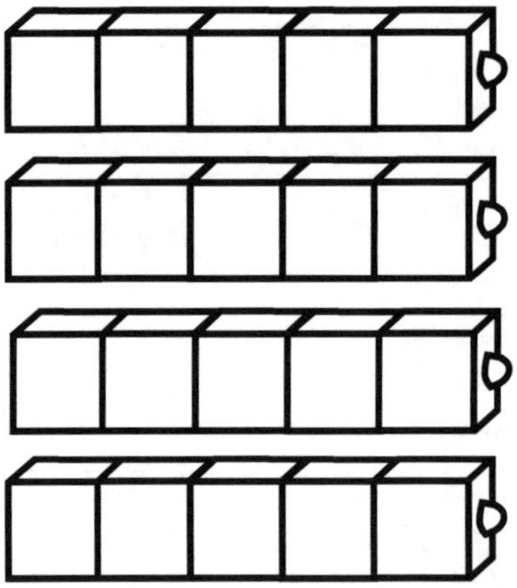

8 – ____ = ____

8 – ____ = ____

8 – ____ = ____

8 – ____ = ____

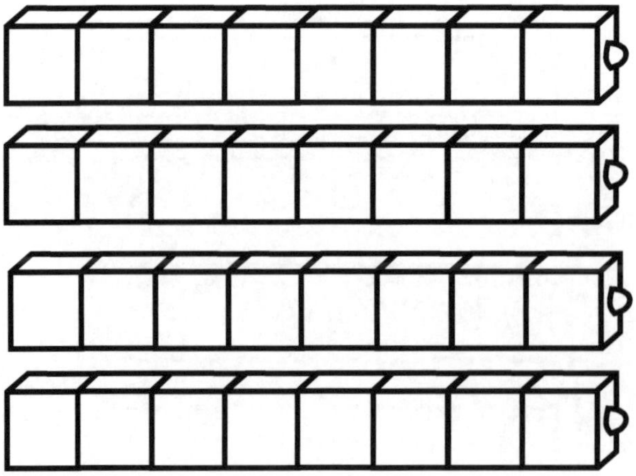

Make Subtraction Sentences (continued)

3. Cross out the blocks you want to take away. Colour the blocks left. Complete the subtraction sentence.

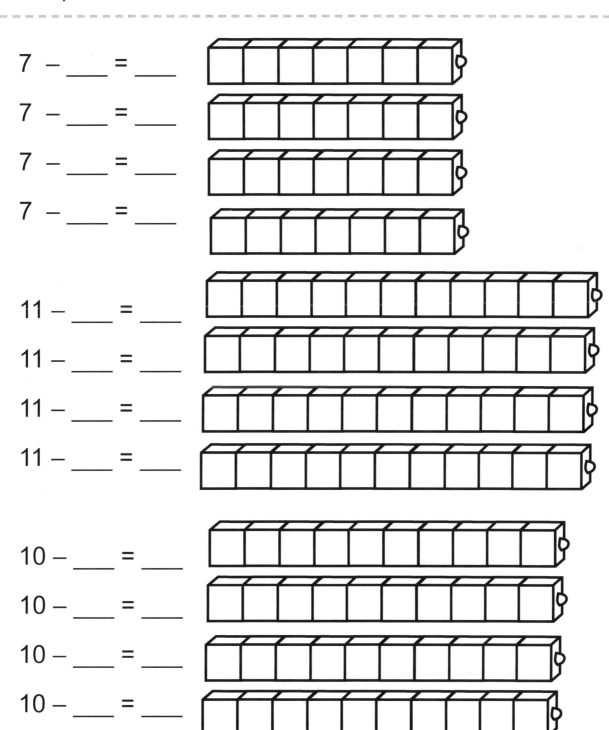

7 – ____ = ____

7 – ____ = ____

7 – ____ = ____

7 – ____ = ____

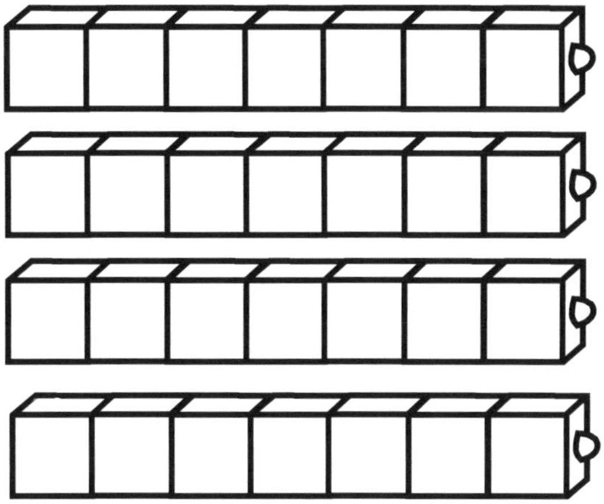

11 – ____ = ____

11 – ____ = ____

11 – ____ = ____

11 – ____ = ____

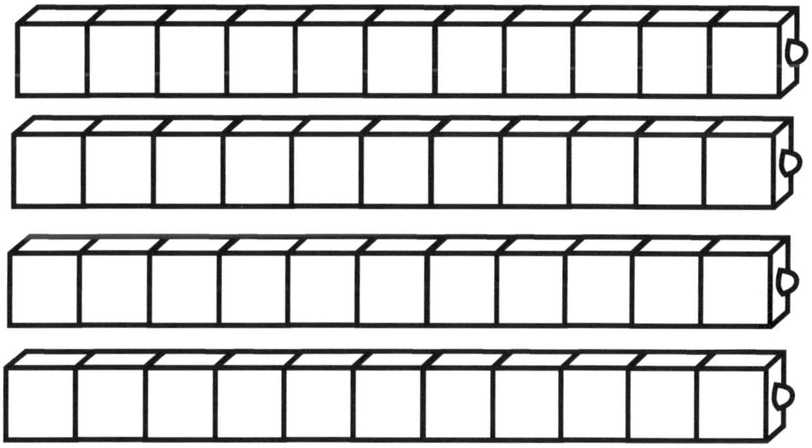

10 – ____ = ____

10 – ____ = ____

10 – ____ = ____

10 – ____ = ____

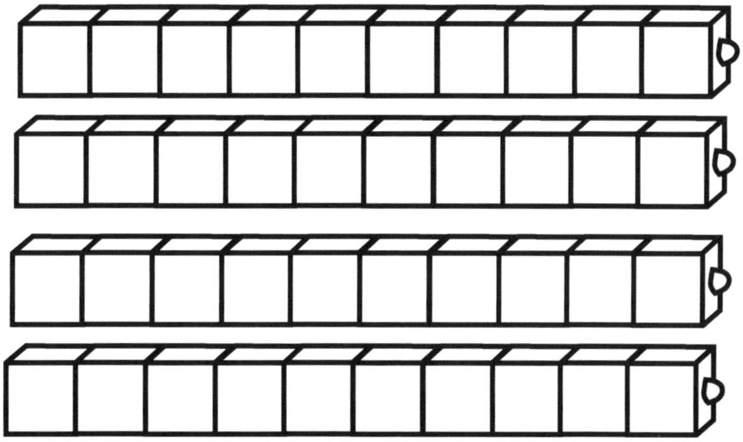

Differences to 12

1. Subtract.

10 – 7 = ______	11 – 8 = ______	7 – 6 = ______
4 – 2 = ______	10 – 5 = ______	5 – 2 = ______
4 – 3 = ______	6 – 4 = ______	7 – 4 = ______
8 – 2 = ______	9 – 5 = ______	3 – 1 = ______
1 – 0 = ______	12 – 6 = ______	3 – 3 = ______

Subtraction Facts to 10

1. Match the subtraction sentences to the correct answer.

8 – 5 =	8	10 – 5 =
9 – 5 =	5	5 – 3 =
10 – 2 =	4	4 – 4 =
7 – 6 =	1	10 – 0 =
9 – 3 =	6	9 – 1 =
11 – 4 =	9	6 – 3 =
4 – 2 =	0	7 – 2 =
12 – 2 =	3	8 – 7 =
9 – 4 =	7	9 – 2 =
10 – 1 =	10	6 – 2 =
1 – 1 =	2	8 – 2 =

Missing Numbers: Subtraction Facts to 12

Fill in the missing numbers to complete the differences.
Use the number line or counters to help.

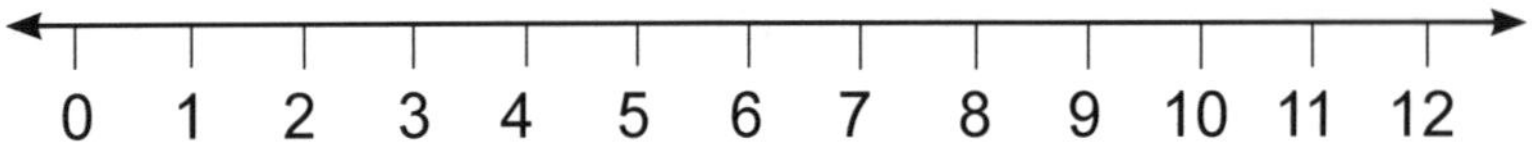

$\square - 0 = 5$	$11 - \square = 9$	$3 - \square = 2$	$\square - 7 = 4$	$9 - \square = 4$
$9 - \square = 8$	$10 - \square = 1$	$\square - 6 = 5$	$\square - 6 = 3$	$12 - \square = 4$
$\square - 10 = 1$	$5 - \square = 4$	$\square - 4 = 8$	$10 - \square = 5$	$12 - \square = 6$
$10 - \square = 3$	$11 - \square = 8$	$\square - 9 = 1$	$\square - 3 = 3$	$8 - \square = 6$

Math Riddle: Subtraction Facts to 12

What do you get if you cross a cat with a tree?

__   __ __ __   __   __ __ __ __ __!
2   3 2 7   2   10 8 1 9 4

A $4 - 2$	**B** $6 - 0$	**C** $8 - 5$	**D** $9 - 4$
E $5 - 1$	**G** $7 - 6$	**L** $12 - 2$	**O** $11 - 3$
T $12 - 5$	**U** $10 - 1$		

Watch out! Some letters are not used in the riddle.

Subtract 1 or 2 by Counting Back

1. Count back to subtract.

13 – 1 = **12** 13, **12**	20 – 2 = **18** 20, **19**, **18**
19 – 1 = ____ 19, ____	14 – 2 = ____ 14, ____, ____
17 – 1 = ____ 17, ____	19 – 2 = ____ 19, ____, ____
15 – 1 = ____ 15, ____	18 – 2 = ____ 18, ____, ____
20 – 1 = ____ 20, ____	16 – 2 = ____ 16, ____, ____
16 – 1 = ____ 16, ____	15 – 2 = ____ 15, ____, ____
14 – 1 = ____ 14, ____	13 – 2 = ____ 13, ____, ____

Make 10 to Subtract

1. Make 10 to make an easier problem. Then subtract.

14 – 8 =

14 – 8 = **16** – 10 = **6**

I know 8 + 2 = 10. So I add 2 to each number.
Then I subtract to get the answer.

12 – 9 =

12 – 9 = ____ – 10 = ____

Add 1 to each number.

16 – 7 =

16 – 7 = ____ – 10 = ____

Add ____ to each number.

19 – 6 =

19 – 6 = ____ – 10 = ____

Add ____ to each number.

18 – 7 =

18 – 7 = ____ – 10 = ____

Add ____ to each number.

15 – 7 =

15 – 7 = ____ – 10 = ____

Add ____ to each number.

13 – 9 =

13 – 9 = ____ – 10 = ____

Add ____ to each number.

17 – 6 =

17 – 6 = ____ – 10 = ____

Add ____ to each number.

Subtract 7, 8, or 9, from 11 to 20

1. Find each difference. You can subtract by counting back.

11 − 9 = ☐	13 − 8 = ☐	16 − 8 = ☐	19 − 8 = ☐	12 − 9 = ☐
17 − 7 = ☐	11 − 8 = ☐	14 − 8 = ☐	20 − 7 = ☐	12 − 8 = ☐
11 − 9 = ☐	11 − 7 = ☐	15 − 9 = ☐	15 − 8 = ☐	14 − 9 = ☐
16 − 9 = ☐	12 − 7 = ☐	18 − 8 = ☐	13 − 9 = ☐	16 − 7 = ☐
20 − 8 = ☐	19 − 9 = ☐	17 − 9 = ☐	14 − 7 = ☐	15 − 7 = ☐

Subtraction Practice: Differences from 11 to 15

1. Find each difference. You can subtract by counting back.

$11 - 5 = \square$	$12 - 9 = \square$	$13 - 1 = \square$	$13 - 7 = \square$	$12 - 8 = \square$
$11 - 7 = \square$	$15 - 0 = \square$	$11 - 6 = \square$	$12 - 3 = \square$	$14 - 4 = \square$
$13 - 2 = \square$	$11 - 4 = \square$	$15 - 4 = \square$	$14 - 7 = \square$	$14 - 6 = \square$
$12 - 5 = \square$	$12 - 4 = \square$	$14 - 2 = \square$	$15 - 6 = \square$	$15 - 9 = \square$

Subtraction Practice: Differences from 16 to 20

1. Find each difference. You can subtract by counting back.

$\begin{array}{r} 20 \\ -\ 1 \\ \hline \square \end{array}$	$\begin{array}{r} 19 \\ -\ 9 \\ \hline \square \end{array}$	$\begin{array}{r} 16 \\ -\ 8 \\ \hline \square \end{array}$	$\begin{array}{r} 18 \\ -\ 5 \\ \hline \square \end{array}$	$\begin{array}{r} 17 \\ -\ 7 \\ \hline \square \end{array}$
$\begin{array}{r} 20 \\ -\ 10 \\ \hline \square \end{array}$	$\begin{array}{r} 19 \\ -\ 10 \\ \hline \square \end{array}$	$\begin{array}{r} 16 \\ -\ 9 \\ \hline \square \end{array}$	$\begin{array}{r} 20 \\ -\ 3 \\ \hline \square \end{array}$	$\begin{array}{r} 18 \\ -\ 9 \\ \hline \square \end{array}$
$\begin{array}{r} 17 \\ -\ 10 \\ \hline \square \end{array}$	$\begin{array}{r} 19 \\ -\ 7 \\ \hline \square \end{array}$	$\begin{array}{r} 18 \\ -\ 6 \\ \hline \square \end{array}$	$\begin{array}{r} 16 \\ -\ 3 \\ \hline \square \end{array}$	$\begin{array}{r} 16 \\ -\ 7 \\ \hline \square \end{array}$
$\begin{array}{r} 17 \\ -\ 8 \\ \hline \square \end{array}$	$\begin{array}{r} 16 \\ -\ 4 \\ \hline \square \end{array}$	$\begin{array}{r} 20 \\ -\ 5 \\ \hline \square \end{array}$	$\begin{array}{r} 19 \\ -\ 3 \\ \hline \square \end{array}$	$\begin{array}{r} 20 \\ -\ 2 \\ \hline \square \end{array}$
$\begin{array}{r} 16 \\ -\ 2 \\ \hline \square \end{array}$	$\begin{array}{r} 19 \\ -\ 3 \\ \hline \square \end{array}$	$\begin{array}{r} 17 \\ -\ 9 \\ \hline \square \end{array}$	$\begin{array}{r} 18 \\ -\ 8 \\ \hline \square \end{array}$	$\begin{array}{r} 18 \\ -\ 2 \\ \hline \square \end{array}$

Subtraction Practice: Differences from 11 to 20

1. Find each difference. You can subtract by counting back.

11 − 5	12 − 8	14 − 6	20 − 10	13 − 7
15 − 10	19 − 3	16 − 2	18 − 9	17 − 10
15 − 2	11 − 8	20 − 2	15 − 8	11 − 4
13 − 5	12 − 2	14 − 9	16 − 10	14 − 7

Missing Numbers

1. Fill in the missing numbers to complete the differences.
   Use the number line or counters to subtract.

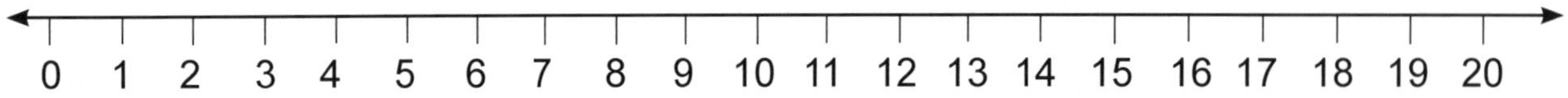

□ − 4 9	14 − □ 13	19 − □ 17	□ − 7 8	14 − □ 6
15 − □ 8	18 − □ 9	□ − 10 7	□ − 9 6	13 − □ 5
□ − 10 10	13 − □ 11	□ − 5 8	12 − □ 6	10 − □ 5
13 − □ 4	14 − □ 5	□ − 9 7	□ − 7 5	16 − □ 8

Math Riddle: Subtraction Facts to 20

What do you get when you cross a parrot with a shark?

__ | __ __ __ __ | __ __ __ __ | __ __ __ __ | __ __ __ __
20 | 8 19 1 7 | 15 16 20 15 | 10 19 4 4 | 15 20 4 13

__ __ __ __ | __ __ __ | __ __ __ !
14 2 3 1 | 18 20 1 | 2 5 5

Watch out! Some letters are not used in the riddle.

A $20 - 0$	**B** $17 - 9$	**C** $19 - 2$	**D** $14 - 7$	**E** $18 - 0$
F $10 - 5$	**G** $13 - 7$	**H** $19 - 3$	**I** $20 - 1$	**J** $13 - 4$
K $19 - 6$	**L** $9 - 5$	**N** $14 - 2$	**O** $8 - 6$	**P** $15 - 4$
R $2 - 1$	**T** $19 - 4$	**U** $12 - 9$	**W** $15 - 5$	**Y** $18 - 4$

Subtraction Facts to 20

1. Subtract. Use the number line to count back.

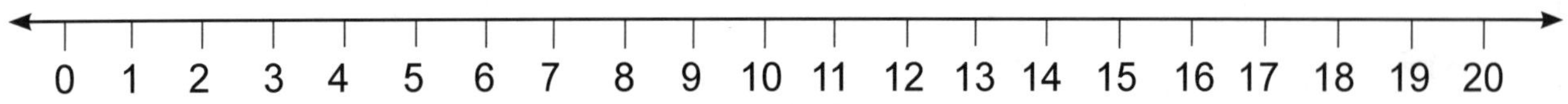

5	14	12	7	19
– 3	– 6	– 8	– 4	– 2
___	___	___	___	___
10	13	11	15	20
– 0	– 9	– 4	– 2	– 3
___	___	___	___	___
19	17	9	16	12
– 9	– 2	– 6	– 8	– 11
___	___	___	___	___
6	14	12	20	4
– 5	– 2	– 6	– 10	– 4
___	___	___	___	___

Subtracting Tens

Think of a subtraction fact to subtract tens.

Find 40 – 20
Think 4 – 2 = 2
4 tens – 2 tens = 2 tens

40 – 20 = 20

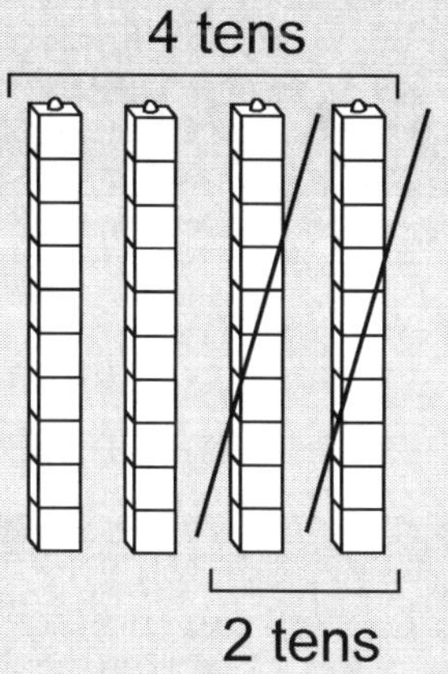

1. Use a basic fact to help you subtract tens.

10 – 7 = _____ 100 – 70 = _____	8 – 3 = _____ 80 – 30 = _____
7 – 3 = _____ 70 – 30 = _____	7 – 5 = _____ 70 – 50 = _____
6 – 4 = _____ 60 – 40 = _____	9 – 6 = _____ 90 – 60 = _____
8 – 4 = _____ 80 – 40 = _____	6 – 2 = _____ 60 – 20 = _____

Use a Number Line to Subtract

1. Use the number line to subtract. Mark a dot to show where you start. Next, count back by drawing the steps. Write the answer.

28 – 2 = ______

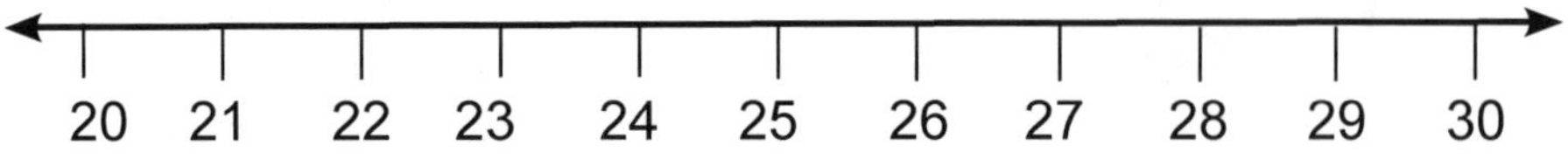

34 – 3 = ______

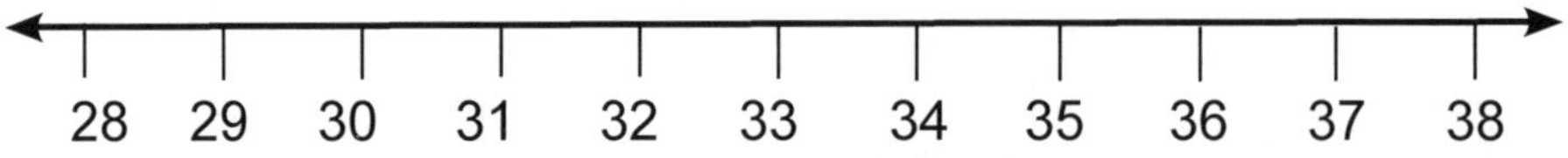

46 – 6 = ______

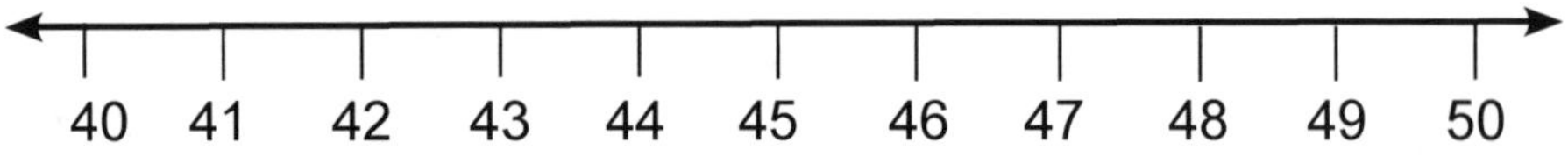

59 – 4 = ______

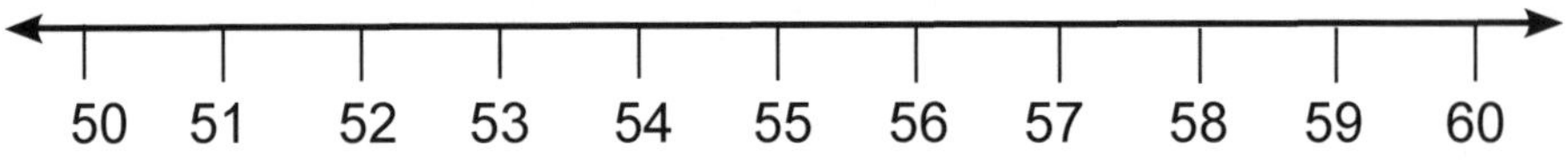

21 – 5 = ______

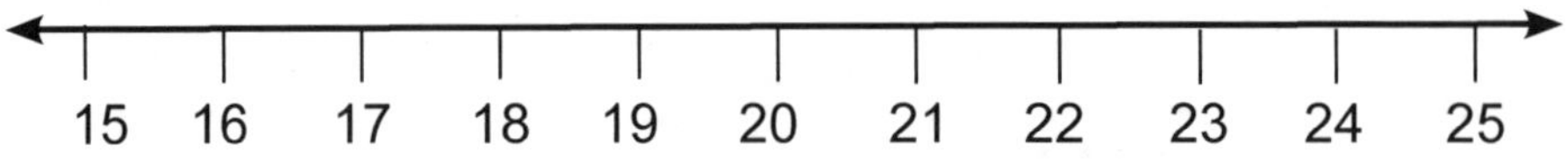

30 – 7 = ______

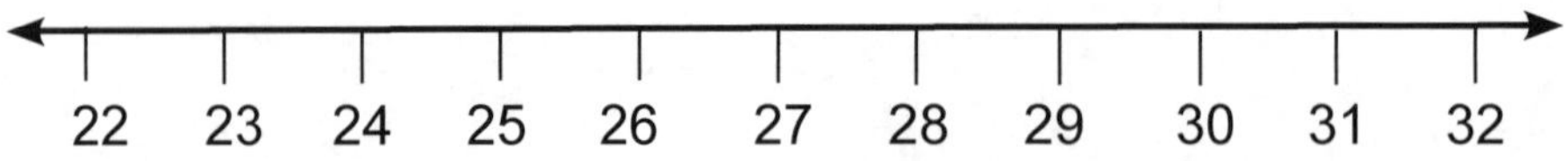

62 – 9 = ______

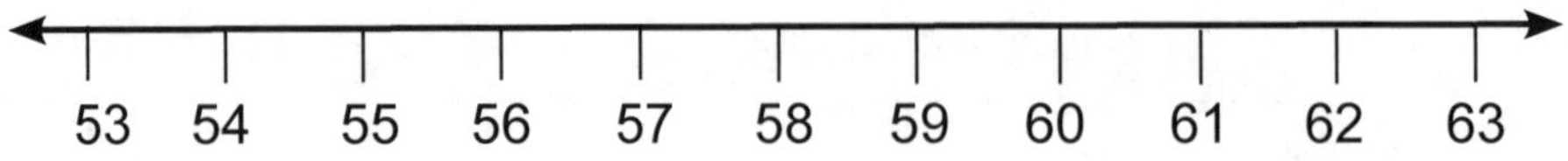

Math Riddle: Two-digit Subtraction Without Regrouping

How can you fit more pigs on a farm?

___ ___ ___ ___ ___ | ___ | ___ ___ ___   ___ ___ ___ ___ ___ ___ ___ !

41 42 21 33 44 | 25 | 32 50 10   32 30 11 25 14 43 11

A	B	C	D	E
49 − 24	51 − 10	45 − 15	98 − 54	66 − 23
H	**I**	**L**	**M**	**P**
98 − 67	55 − 34	57 − 24	38 − 18	77 − 63
R	**S**	**T**	**U**	**Y**
64 − 53	48 − 16	75 − 25	87 − 45	39 − 29

Watch out! Some letters are not used in the riddle.

Math Riddle: Two-digit Subtraction Without Regrouping

Why is it easy to weigh a fish?

___ ___ ___ ___ ___ ___ ___ | ___ ___ | ___ ___ ___ | ___ ___ ___
13 42 26 11 30 41 42 | 51 12 | 21 11 41 | 51 12 41

___ ___ ___ | ___ ___ ___ ___ ___ ___ !
20 27 24 | 41 26 11 29 42 41

A	B	C	D	E
$82 - 71$	$97 - 84$	$37 - 11$	$53 - 30$	$65 - 23$
G	**H**	**I**	**L**	**N**
$40 - 10$	$97 - 76$	$91 - 40$	$79 - 50$	$66 - 42$
O	**S**	**T**	**U**	**W**
$43 - 23$	$55 - 14$	$37 - 25$	$54 - 24$	$89 - 62$

Watch out! Some letters are not used in the riddle.

Make 20 to Subtract

1. Make 20 to make an easier problem. Then subtract.

36 – 19 =

36 – 19 = **37** – 20 = **17**

I know 19 + 1 = 20.
So I add 1 to each number.
Then I subtract to get the answer.

31 – 16 =

31 – 16 = ___ – 20 = ___

Add 4 to each number.

23 – 18 =

23 – 18 = ___ – 20 = ___

Add ___ to each number.

57 – 17 =

57 – 17 = ___ – 20 = ___

Add __ to each number.

44 – 19 =

44 – 19 = ___ – 20 = ___

Add ___ to each number.

63 – 18 =

63 – 18 = ___ – 20 = ___

Add ___ to each number.

76 – 17 =

76 – 17 = ___ – 20 = ___

Add ___ to each number.

82 – 16 =

82 – 16 = ___ – 20 = ___

Add ___ to each number.

Practice Regrouping Ones as Tens

1. Count and regroup ones as tens.

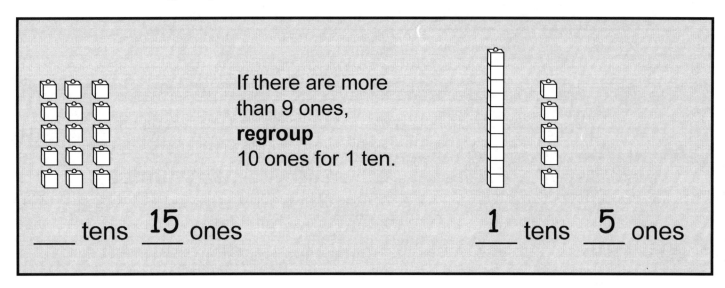

If there are more than 9 ones, **regroup** 10 ones for 1 ten.

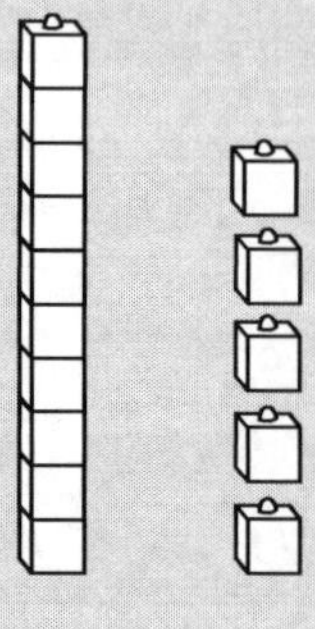

___ tens 15 ones

1 tens 5 ones

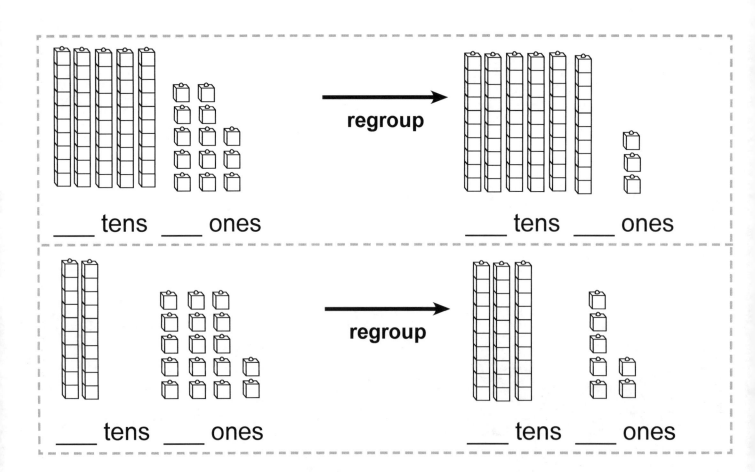

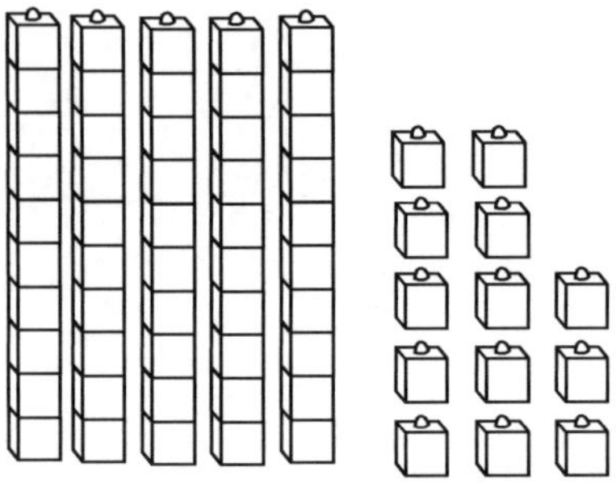

regroup

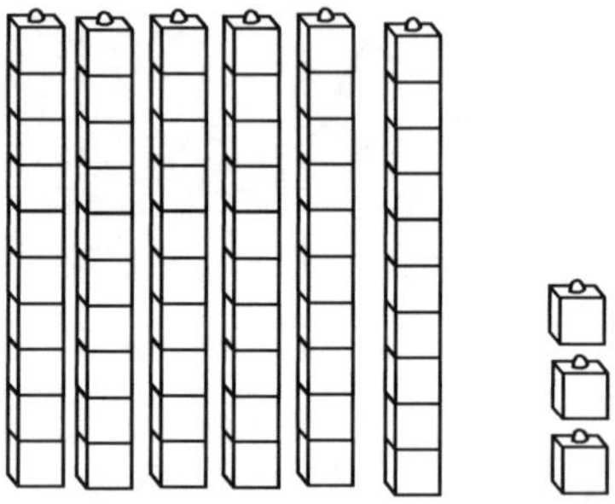

___ tens ___ ones

___ tens ___ ones

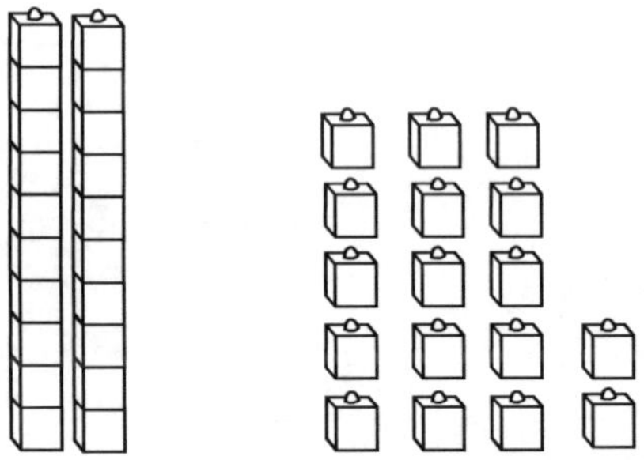

regroup

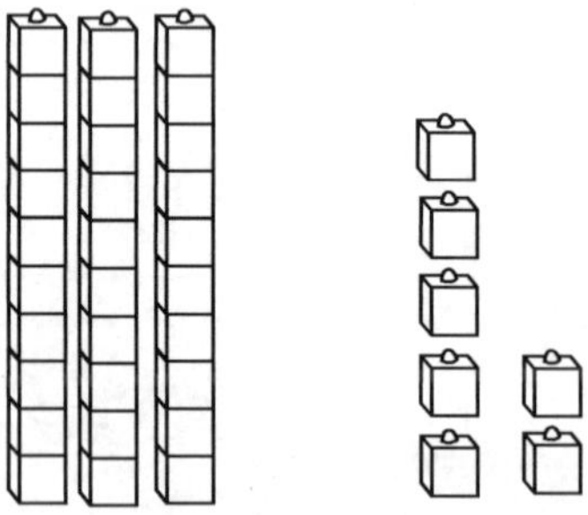

___ tens ___ ones

___ tens ___ ones

Practice Regrouping Ones as Tens (continued)

2. Count and regroup ones as tens.

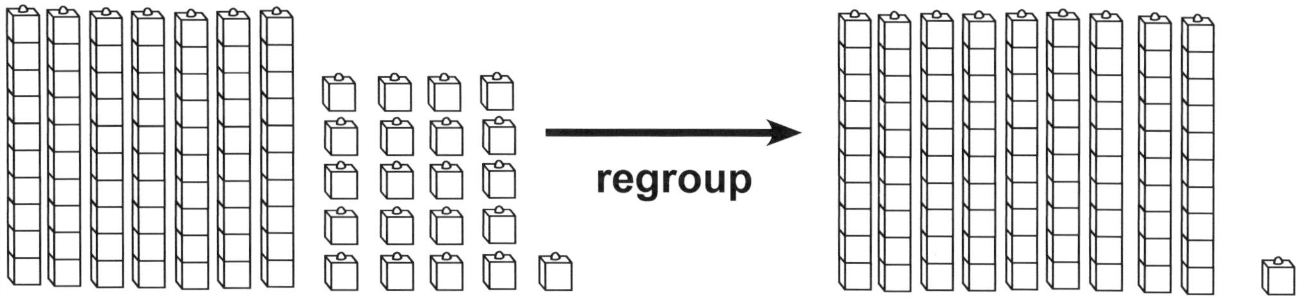

___ tens ___ ones ___ tens ___ ones

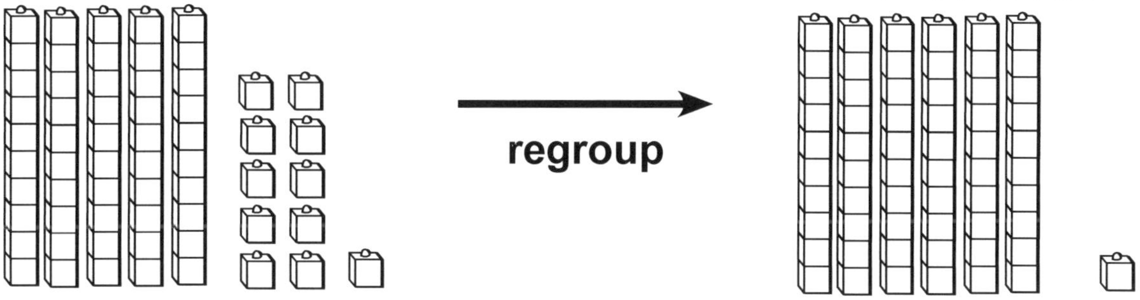

___ tens ___ ones ___ tens ___ ones

___ tens ___ ones ___ tens ___ ones

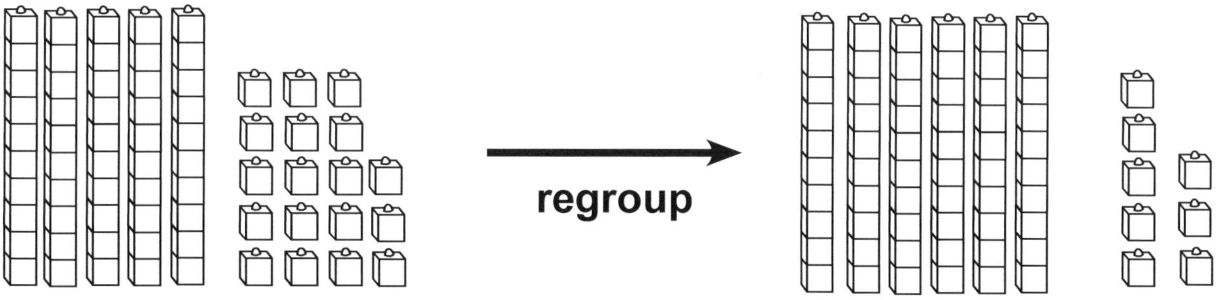

___ tens ___ ones ___ tens ___ ones

Two-digit Subtraction with Regrouping

Line up the ones and the tens.
Subtract the ones.
You cannot take 9 from 2.
So, trade 1 ten from the tens for 10 ones in the ones.
Now there are 12 ones.
Write the ones.
Then write the tens.

	tens	ones
	3	12
	~~4~~	~~2~~
−	3	9
		3

1. Use a tens and ones chart to subtract. Shade the ones column yellow. Shade the tens column orange.

84 − 46	32 − 16	94 − 65	41 − 33	30 − 29
85 − 18	72 − 45	81 − 54	53 − 27	31 − 12
63 − 25	93 − 26	72 − 24	71 − 14	25 − 17

Math Riddle: Two-digit Subtraction with Regrouping

Why did the chicken cross the road?

___ ___ | ___ ___ ___ ___ ___ | ___ ___ | ___ ___ ___ ___ ___

54 42 | 15 59 42 39 32 | 23 32 | 12 48 13 74 54

___ ___ ___ ___ ___ ___ ___ !

57 23 63 57 19 32 74

A 67 – 19	**B** 76 – 27	**C** 84 – 27	**E** 50 – 18	**H** 61 – 38
I 82 – 19	**K** 48 – 29	**N** 92 – 18	**O** 71 – 29	**P** 30 – 15
R 86 – 27	**S** 22 – 9	**T** 71 – 17	**V** 73 – 34	**W** 41 – 29

Watch out! Some letters are not used in the riddle.

Math Riddle: Two-digit Subtraction with Regrouping

What animal has more lives than a cat?

__ __ __ __ __ | __ __ __ __ __ __ __ | __ __ __ __
79 27 37 68 19 | 38 17 9 29 18 19 17 | 34 46 17 49

__ __ __ __ __ | __ __ __ __ __ | __ __ __ __ __ !
9 27 37 29 69 | 17 47 17 27 49 | 13 36 68 46 34

A	B	C	D	E	F
58 − 29	76 − 38	38 − 29	27 − 19	66 − 49	96 − 17
G	**H**	**I**	**K**	**N**	**O**
91 − 23	65 − 19	72 − 36	86 − 17	44 − 31	55 − 18
R	**S**	**T**	**U**	**V**	**Y**
72 − 45	33 − 14	52 − 18	90 − 72	72 − 25	83 − 34

Watch out! Some letters are not used in the riddle.

Math Riddle: Two-digit Subtraction with Regrouping

Why did the fox cross the road?

__ __ | __ __ __ | __ __ __ | __ __ __ __ __ __ __
38 18 | 48 33 38 | 38 3 48 | 9 3 43 9 49 48 17

__ __ | __ __ __ | __ __ __ __ __ | __ __ __ __ !
18 17 | 38 3 48 | 18 38 3 48 7 | 67 43 26 48

A 92 − 59	**B** 80 − 67	**C** 36 − 27	**D** 65 − 39	**E** 64 − 16
G 26 − 18	**H** 11 − 8	**I** 70 − 27	**J** 87 − 59	**K** 91 − 42
N 63 − 46	**O** 20 − 2	**R** 20 − 13	**S** 81 − 14	**T** 63 − 25

Watch out! Some letters are not used in the riddle.

Subtraction Match

Match the question to the correct answer.

89 − 58	57	47 − 21
	7	
67 − 10		79 − 22
	41	
79 − 16		95 − 64
	31	
98 − 74		28 − 19
	24	
71 − 64		82 − 19
	9	
23 − 14		42 − 35
	26	
93 − 52		89 − 48
	63	
43 − 17		84 − 60

Three-digit Subtraction Without Regrouping

Line up the ones, tens, and hundreds.

Subtract the ones.

hundreds	tens	**ones**
4	8	7
– 1	4	4
		3

Then subtract the tens.

hundreds	**tens**	ones
4	8	7
– 1	4	4
	4	3

Then subtract the hundreds.

hundreds	tens	ones
4	8	7
– 1	4	4
3	4	3

1. Use a hundreds, tens, and ones chart to help subtract. Shade the ones column yellow. Shade the tens column orange. Shade the hundreds column green.

hundreds tens ones

436 – 230	678 – 243	567 – 463	274 – 120	486 – 25
568 – 514	696 – 403	799 – 372	243 – 223	444 – 123
939 – 809	767 – 356	425 – 320	279 – 165	762 – 520
985 – 312	988 – 854	398 – 377	543 – 421	358 – 220

Three-digit Subtraction Without Regrouping (continued)

2. Use the hundreds, tens and ones chart to subtract.

hundreds tens ones

899 − 126	836 − 333	999 − 343	128 − 128	567 − 234
564 − 562	634 − 232	987 − 456	273 − 151	567 − 350
765 − 664	442 − 340	457 − 427	329 − 123	324 − 213
692 − 421	198 − 134	769 − 134	877 − 825	247 − 244

Math Riddle: Three-digit Subtraction Without Regrouping

How do you know which rabbits are old?

___ ___ ___ ___ | ___ ___ ___ | ___ ___ ___ | ___ ___ ___ ___

245 812 812 123 | 220 812 101 | 311 242 540 | 465 101 540 124

___ ___ ___ ___ ___ !

242 353 101 540 222

A 453 − 100	**B** 552 − 421	**C** 978 − 653	**E** 667 − 127	**F** 861 − 641
G 767 − 302	**H** 444 − 202	**I** 498 − 325	**K** 346 − 223	**L** 276 − 31
O 959 − 147	**R** 214 − 113	**S** 335 − 113	**T** 716 − 405	**Y** 789 − 665

Watch out! Some letters are not used in the riddle.

Math Riddle: Three-digit Subtraction Without Regrouping

What is grey, blue, and huge?

___ ___ | ___ ___ ___ ___ ___ ___ ___ ___ | ___ ___ ___ ___ ___ ___ ___

127 313 | 103 712 103 204 415 127 313 427 | 415 341 712 530 124 313 411

___ ___ ___ | ___ ___ ___ ___ ___ ___ !

124 427 135 | 212 642 103 127 427 415

A	B	C	D	E
329 − 202	332 − 120	821 − 321	963 − 433	255 − 152
G	**H**	**I**	**L**	**N**
564 − 153	658 − 243	674 − 550	823 − 111	414 − 101
O	**P**	**R**	**S**	**T**
763 − 422	517 − 313	785 − 143	887 − 752	948 − 521

Watch out! Some letters are not used in the riddle.

Three-digit Subtraction with Regrouping

Line up the ones, tens, and hundreds.
Subtract the ones.

Trade 1 hundred from the hundreds for 10 tens in the tens column.
Subtract the tens.
Then subtract the hundreds.

	hundreds	tens	ones
	5	14	
	~~6~~	~~4~~	6
−	3	8	3
	2	6	3

You cannot take 8 from 4. So, trade 1 hundred from the hundreds for 10 tens. Now there are 14 tens.

1. Use a hundreds, tens, and ones chart to subtract. Shade the ones column yellow. Shade the tens column orange. Shade the hundreds column green.

hundreds tens ones

628 − 356	506 − 341	644 − 273	727 − 136	858 − 394
559 − 276	718 − 183	905 − 633	713 − 442	607 − 494
535 − 170	403 − 153	319 − 158	915 − 472	836 − 644

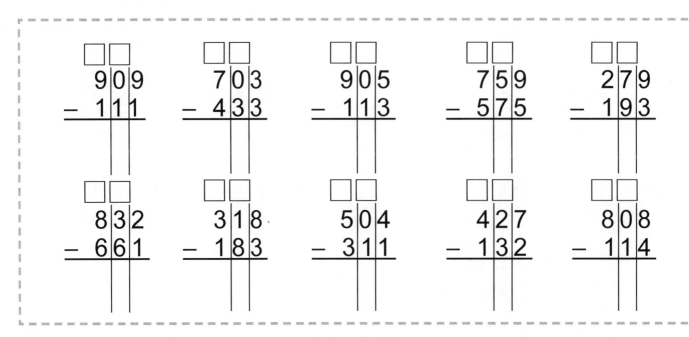

Three-digit Subtraction with Regrouping (continued)

2. Use a hundreds, tens, and ones chart to subtract. You will need to regroup.

hundreds tens ones

693 − 376	650 − 135	665 − 249	893 − 439	753 − 314
273 − 147	450 − 249	964 − 235	582 − 138	682 − 424
965 − 346	473 − 147	781 − 513	981 − 442	543 − 216

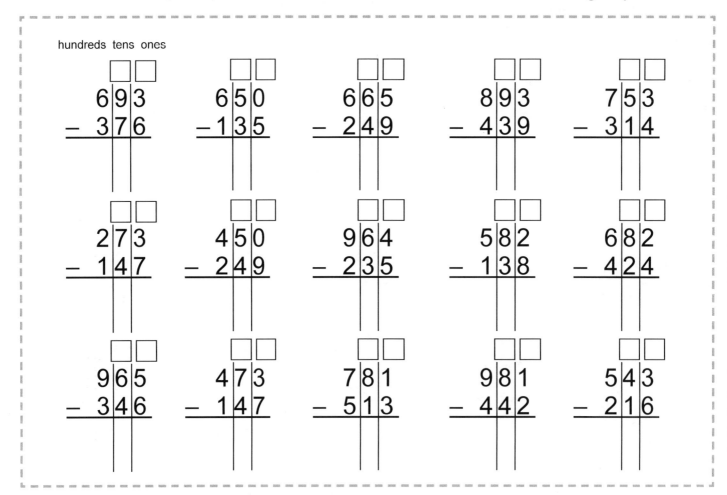

3. Subtract. Regroup in the tens column and the hundreds column.

909 − 111	703 − 433	905 − 113	759 − 575	279 − 193
832 − 661	318 − 183	504 − 311	427 − 132	808 − 114

Three-digit Subtraction with Regrouping (continued)

4. Use the hundreds, tens, and ones chart to subtract. You will need to regroup the tens.

hundreds tens ones

861 − 316	542 − 435	640 − 313	796 − 159	835 − 217
580 − 129	654 − 348	762 − 535	887 − 638	971 − 747
951 − 114	662 − 143	481 − 213	780 − 332	593 − 379

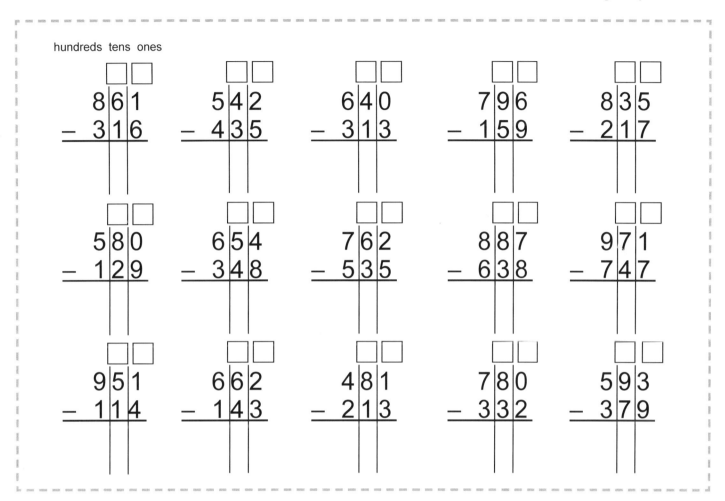

5. Subtract. Regroup in the tens column and the hundreds column.

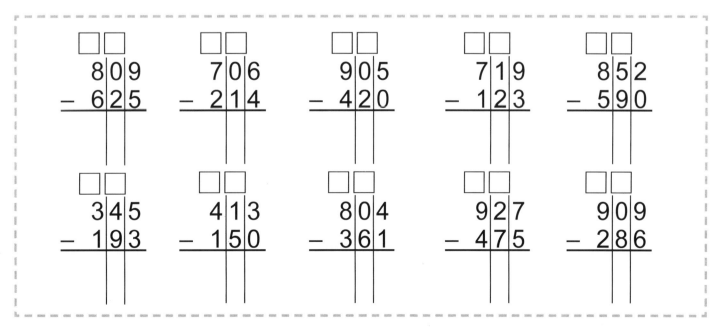

809 − 625	706 − 214	905 − 420	719 − 123	852 − 590
345 − 193	413 − 150	804 − 361	927 − 475	909 − 286

Subtraction Match

Match the question to the answer.

624 − 564 = **60**	102	227 − 125
378 − 81	60	835 − 385
787 − 520	331	976 − 39
951 − 14	525	893 − 368
642 − 192	267	590 − 323
714 − 189	450	138 − 78
560 − 458	937	679 − 348
464 − 133	297	959 − 662

Math Riddle: Three-digit Subtraction with Regrouping

What was the spider doing on the computer?

___ ___ ___ ___ ___ ___ ___ ___ ___ | ___ ___ ___ | ___ ___ ___ !

95 72 128 229 91 619 307 134 107 | 46 619 72 | 264 72 159

A	B	C	D	E
154 − 26	295 − 136	977 − 886	886 − 139	104 − 32
G	**H**	**I**	**J**	**K**
312 − 205	728 − 109	530 − 223	240 − 111	649 − 259
N	**R**	**S**	**T**	**W**
543 − 409	366 − 137	987 − 892	116 − 70	416 − 152

Watch out! Some letters are not used in the riddle.

Math Riddle: Three-digit Subtraction with Regrouping

When does a teacher carry birdseed?

___ ___ ___ ___ | ___ ___ ___ ___ ___ | ___ ___ | ___ | ___ ___ ___ ___ ___ ___

22 190 391 492 | 84 190 391 92 391 | 140 184 | 795 | 226 795 92 92 280 84

___ ___ ___ ___ ___ ___ ___ | ___ ___ ___ ___ ___ ___ ___ ___ ___ ___ !

84 391 795 71 190 391 92 | 71 280 492 181 391 92 391 492 71 391

A	B	C	D	E
975 − 180	811 − 361	134 − 63	620 − 230	539 − 148

F	H	I	N	O
562 − 381	481 − 291	421 − 281	748 − 256	870 − 590

P	R	S	T	W
318 − 92	172 − 80	334 − 150	257 − 173	103 − 81

Watch out! Some letters are not used in the riddle.

Math Riddle: Three-digit Subtraction with Regrouping

Why are dogs not good dancers?

___ ___ ___ ___ ___ ___ ___ | ___ ___ ___ ___ | ___ ___ ___ ___
244 235 7 359 285 108 235 | 82 109 235 627 | 109 359 388 235

___ ___ ___ | ___ ___ ___ ___ | ___ ___ ___ ___!
82 186 214 | 522 235 217 82 | 217 235 235 82

A 890 − 531	**B** 508 − 264	**C** 145 − 138	**D** 834 − 540	**E** 392 − 157
F 565 − 348	**H** 235 − 126	**L** 704 − 182	**O** 673 − 459	**S** 125 − 17
T 318 − 236	**U** 894 − 609	**V** 568 − 180	**W** 457 − 271	**Y** 990 − 363

Watch out! Some letters are not used in the riddle.

Math Blaster 1—Differences to 10

9	4	10	5	8	7	9
– 4	– 2	– 4	– 2	– 2	– 3	– 7
6	8	6	3	5	10	5
– 4	– 6	– 3	– 3	– 1	– 6	– 3
7	1	9	2	5	10	
– 5	– 1	– 5	– 0	– 4	– 5	

Math Blaster Score

___ / **20**

Math Blaster 2—Differences to 10

9	7	5	8	6	4	7
– 3	– 1	– 2	– 5	– 0	– 4	– 5
3	7	1	9	10	5	10
– 1	– 2	– 0	– 6	– 2	– 5	– 4
9	5	6	2	4	10	
– 0	– 3	– 1	– 2	– 2	– 7	

Math Blaster Score

___ / **20**

Math Blaster 3—Differences to 10

7	4	9	10	8	1	4
− 2	− 3	− 5	− 5	− 5	− 0	− 2
9	5	6	5	8	10	10
− 8	− 3	− 4	− 1	− 7	− 9	− 2
6	2	5	6	3	9	
− 5	− 1	− 4	− 3	− 2	− 9	

Math Blaster Score

20

Math Blaster 4—Differences to 10

2	5	5	8	2	4	5
− 0	− 3	− 1	− 3	− 2	− 4	− 2
3	4	5	8	10	1	10
− 1	− 2	− 5	− 6	− 5	− 1	− 3
9	7	6	9	7	10	
− 4	− 4	− 3	− 7	− 5	− 9	

Math Blaster Score

20

Math Blaster 5—Differences to 10

6 − 3	10 − 6	9 − 6	10 − 9	8 − 2	2 − 2	10 − 8
9 − 7	5 − 4	4 − 2	3 − 3	8 − 6	4 − 0	6 − 5
7 − 3	1 − 0	5 − 3	6 − 2	5 − 0	9 − 2	Math Blaster Score ____ 20

Math Blaster 6—Differences to 10

2 − 0	8 − 4	9 − 7	6 − 3	5 − 3	1 − 1	8 − 3
10 − 4	5 − 2	6 − 5	7 − 6	10 − 5	4 − 3	9 − 3
3 − 1	7 − 1	5 − 1	4 − 2	5 − 4	2 − 2	Math Blaster Score ____ 20

Math Blaster 7—Differences to 10

7 − 5	10 − 2	9 − 5	10 − 7	9 − 2	8 − 2	8 − 6
6 − 3	7 − 7	2 − 1	8 − 3	8 − 1	10 − 6	8 − 4
9 − 7	4 − 0	9 − 3	3 − 1	7 − 4	5 − 2	

Math Blaster Score

___
20

Math Blaster 8—Differences to 10

10 − 8	4 − 3	8 − 7	10 − 7	5 − 3	1 − 1	7 − 6
2 − 1	7 − 4	6 − 3	4 − 0	9 − 6	9 − 1	5 − 4
3 − 1	6 − 2	5 − 2	8 − 3	10 − 4	6 − 5	

Math Blaster Score

___
20

Math Blaster 1—Differences from 11 to 20

13 − 6	11 − 6	19 − 9	16 − 9	13 − 3	11 − 7	20 − 10
16 − 6	15 − 5	12 − 6	14 − 7	14 − 9	17 − 9	18 − 9
11 − 4	15 − 6	13 − 7	14 − 5	17 − 7	12 − 8	

Math Blaster Score

____
20

Math Blaster 2—Differences from 11 to 20

19 − 8	11 − 8	18 − 5	16 − 3	15 − 4	20 − 2	15 − 7
13 − 9	18 − 8	19 − 2	17 − 9	16 − 7	12 − 5	14 − 4
13 − 5	14 − 2	12 − 6	14 − 9	17 − 8	11 − 3	

Math Blaster Score

____
20

Math Blaster 3—Differences from 11 to 20

13 − 9	11 − 4	14 − 3	16 − 2	15 − 9	17 − 3	18 − 4
20 − 6	15 − 2	12 − 2	14 − 1	13 − 3	14 − 8	20 − 3
16 − 8	11 − 9	13 − 4	19 − 2	17 − 1	12 − 3	Math Blaster Score ___ / 20

Math Blaster 4—Differences from 11 to 20

19 − 9	16 − 3	18 − 3	17 − 9	12 − 4	17 − 7	15 − 6
20 − 1	12 − 8	19 − 3	11 − 4	16 − 9	18 − 1	12 − 1
13 − 8	20 − 3	15 − 4	14 − 6	15 − 9	14 − 5	Math Blaster Score ___ / 20

Math Blaster 5—Differences from 11 to 20

13 − 2	16 − 8	19 − 3	18 − 8	19 − 4	12 − 3	20 − 2
16 − 3	11 − 4	12 − 8	14 − 6	15 − 7	13 − 5	18 − 9
13 − 6	14 − 1	11 − 6	17 − 9	17 − 7	14 − 7	

Math Blaster Score ___ / 20

Math Blaster 6—Differences from 11 to 20

20 − 2	12 − 7	18 − 2	16 − 1	18 − 9	17 − 9	15 − 3
19 − 3	15 − 8	19 − 2	11 − 5	16 − 8	17 − 2	14 − 9
13 − 7	20 − 1	12 − 2	14 − 7	17 − 8	12 − 9	

Math Blaster Score ___ / 20

Math Blaster 7—Differences from 11 to 20

16 − 6	11 − 8	14 − 9	13 − 7	13 − 9	17 − 8	20 − 10
13 − 8	16 − 1	12 − 6	14 − 5	15 − 5	11 − 3	12 − 5
15 − 4	17 − 11	15 − 6	19 − 9	14 − 4	18 − 2	

Math Blaster Score ____ / 20

Math Blasters
pg 58-76

Math Blaste… …ences from 11 to 20

19 − 9	20 − 5	18 − 8	15 − 4	16 − 2	17 − 8	15 − 9
12 − 7	12 − 4	19 − 2	20 − 2	14 − 2	18 − 5	17 − 10
13 − 6	11 − 9	12 − 6	14 − 3	17 − 2	14 − 9	

Math Blaster Score ____ / 20

Math Blaster 9—Differences from 11 to 20

13 − 9	11 − 4	14 − 3	14 − 8	11 − 9	17 − 3	18 − 4
15 − 6	13 − 3	19 − 2	14 − 1	15 − 2	13 − 4	20 − 3
16 − 8	16 − 2	19 − 9	12 − 2	17 − 1	12 − 3	

Math Blaster Score ___ / 20

Math Blaster 10—Differences from 11 to 20

19 − 10	17 − 9	18 − 8	16 − 8	15 − 6	17 − 10	15 − 9
20 − 9	18 − 2	16 − 7	11 − 10	19 − 9	12 − 6	12 − 3
13 − 4	20 − 10	12 − 2	14 − 6	17 − 3	14 − 7	

Math Blaster Score ___ / 20

Math Blaster 1—Two-digit Subtraction Without Regrouping

28 − 16	69 − 31	64 − 33	99 − 42	74 − 54	87 − 63	43 − 22
69 − 27	87 − 51	62 − 51	54 − 1	65 − 53	89 − 29	98 − 85
97 − 76	78 − 26	96 − 24	86 − 42	73 − 73	93 − 62	Math Blaster Score ___ / 20

Math Blaster 2—Two-digit Subtraction Without Regrouping

90 − 80	69 − 49	78 − 50	25 − 13	78 − 31	89 − 76	32 − 20
99 − 78	45 − 14	89 − 42	83 − 52	76 − 64	81 − 70	88 − 65
59 − 29	58 − 33	99 − 64	37 − 37	94 − 53	78 − 46	Math Blaster Score ___ / 20

Math Blaster 3—Two-digit Subtraction Without Regrouping

69 − 27	84 − 50	65 − 33	59 − 31	79 − 57	89 − 19	97 − 86
94 − 73	72 − 72	69 − 31	53 − 2	75 − 40	97 − 63	54 − 13
96 − 62	49 − 29	86 − 32	99 − 49	96 − 21	25 − 13	Math Blaster Score ___ / 20

Math Blaster 4—Two-digit Subtraction Without Regrouping

32 − 12	53 − 52	78 − 50	45 − 31	19 − 14	67 − 44	54 − 22
56 − 13	78 − 63	97 − 76	60 − 20	24 − 22	69 − 41	23 − 12
57 − 37	39 − 13	98 − 16	33 − 21	79 − 8	69 − 58	Math Blaster Score ___ / 20

Math Blaster 5—Two-digit Subtraction Without Regrouping

95 − 51	38 − 20	38 − 37	82 − 22	54 − 34	97 − 63	25 − 14
78 − 67	15 − 12	59 − 47	96 − 51	85 − 41	39 − 25	58 − 8
46 − 26	76 − 24	64 − 33	85 − 44	24 − 13	12 − 11	

Math Blaster Score ____ / 20

Math Blaster 6—Two-digit Subtraction Without Regrouping

95 − 12	78 − 74	71 − 50	42 − 31	86 − 21	68 − 44	56 − 45
90 − 50	37 − 14	87 − 26	48 − 20	75 − 34	15 − 10	49 − 12
60 − 50	55 − 14	84 − 72	43 − 32	59 − 13	49 − 40	

Math Blaster Score ____ / 20

Math Blaster 7—Two-digit Subtraction Without Regrouping

43	99	87	66	82	27	76
– 21	– 48	– 44	– 33	– 30	– 24	– 52
93	35	68	57	96	19	38
– 61	– 24	– 67	– 36	– 56	– 5	– 24
49	55	77	88	87	88	
– 27	– 23	– 52	– 24	– 53	– 48	

Math Blaster Score

____
20

Math Blaster 8—Two-digit Subtraction Without Regrouping

60	47	87	84	59	64	93
– 50	– 20	– 13	– 33	– 57	– 54	– 40
94	99	86	87	38	45	48
– 42	– 79	– 26	– 61	– 14	– 21	– 36
90	17	78	62	43	93	
– 80	– 16	– 26	– 40	– 32	– 73	

Math Blaster Score

____
20

Math Blaster 9—Two-digit Subtraction Without Regrouping

81 – 20	44 – 42	69 – 31	37 – 14	81 – 30	67 – 51	59 – 48
43 – 1	66 – 5	49 – 25	53 – 32	49 – 24	27 – 10	54 – 4
98 – 66	86 – 61	55 – 20	88 – 34	55 – 43	87 – 15	Math Blaster Score ____ 20

Math Blaster 10—Two-digit Subtraction Without Regrouping

93 – 50	47 – 27	43 – 30	57 – 23	99 – 57	45 – 21	98 – 47
60 – 50	43 – 32	17 – 13	66 – 65	32 – 11	86 – 12	60 – 10
74 – 22	61 – 41	78 – 66	87 – 13	64 – 23	48 – 33	Math Blaster Score ____ 20

Math Blaster 1—Two-digit Subtraction with Regrouping

96	72	81	45	82	55	86
– 68	– 44	– 66	– 29	– 39	– 47	– 18
81	61	66	52	40	66	55
– 29	– 57	– 38	– 33	– 29	– 7	– 49
43	34	50	88	20	54	
– 9	– 16	– 24	– 29	– 17	– 9	

Math Blaster Score

____ / 20

Math Blaster 2—Two-digit Subtraction with Regrouping

60	83	40	53	41	61	42
– 59	– 17	– 33	– 27	– 25	– 49	– 38
60	91	82	63	51	34	90
– 16	– 37	– 16	– 24	– 43	– 19	– 53
97	96	76	75	42	72	
– 48	– 57	– 58	– 69	– 33	– 24	

Math Blaster Score

____ / 20

Math Blaster 3—Two-digit Subtraction with Regrouping

60 − 3	78 − 39	56 − 17	47 − 28	50 − 23	85 − 59	30 − 18
93 − 67	22 − 15	86 − 47	91 − 22	50 − 26	41 − 15	94 − 6
94 − 56	75 − 7	83 − 18	43 − 29	64 − 37	82 − 53	Math Blaster Score ___ / 20

Math Blaster 4—Two-digit Subtraction with Regrouping

96 − 57	78 − 49	60 − 32	55 − 19	97 − 59	35 − 28	21 − 19
90 − 57	84 − 65	90 − 62	47 − 29	31 − 16	53 − 18	84 − 25
70 − 15	60 − 41	88 − 69	84 − 26	73 − 35	52 − 34	Math Blaster Score ___ / 20

Math Blaster 5—Two-digit Subtraction with Regrouping

80 − 44	42 − 36	45 − 38	90 − 28	52 − 33	61 − 57	60 − 53
90 − 62	65 − 7	21 − 15	60 − 59	83 − 14	71 − 22	50 − 31
97 − 69	81 − 14	84 − 58	96 − 77	52 − 15	75 − 48	

Math Blaster Score
____
20

Math Blaster 6—Two-digit Subtraction with Regrouping

50 − 47	34 − 25	40 − 34	34 − 27	75 − 29	83 − 47	91 − 14
70 − 12	67 − 38	52 − 28	61 − 49	70 − 32	38 − 19	84 − 19
42 − 27	92 − 53	87 − 29	51 − 13	82 − 65	51 − 26	

Math Blaster Score
____
20

Math Blaster 7—Two-digit Subtraction with Regrouping

80	90	55	96	31	90	90
– 61	– 49	– 28	– 77	– 15	– 57	– 53
67	31	84	42	54	34	20
– 48	– 22	– 59	– 14	– 18	– 28	– 18
88	64	91	46	63	70	
– 49	– 15	– 7	– 18	– 36	– 21	

Math Blaster Score

____
20

Math Blaster 8—Two-digit Subtraction with Regrouping

82	55	40	34	62	83	91
– 67	– 29	– 34	– 27	– 25	– 45	– 34
70	50	67	61	82	78	51
– 12	– 42	– 29	– 59	– 38	– 19	– 26
32	92	63	40	92	94	
– 19	– 65	– 38	– 13	– 53	– 76	

Math Blaster Score

____
20

Math Blaster 9—Two-digit Subtraction with Regrouping

80 − 19	90 − 45	66 − 28	66 − 27	33 − 15	91 − 27	82 − 68
80 − 22	51 − 48	84 − 37	62 − 18	53 − 16	52 − 36	64 − 48
77 − 28	91 − 5	34 − 15	44 − 18	93 − 77	73 − 56	

Math Blaster Score ____ /20

Math Blaster 10—Two-digit Subtraction with Regrouping

32 − 18	82 − 44	93 − 38	34 − 27	65 − 16	65 − 48	36 − 17
93 − 69	70 − 39	71 − 32	81 − 59	65 − 58	63 − 18	55 − 26
81 − 33	65 − 29	60 − 28	52 − 28	44 − 25	41 − 19	

Math Blaster Score ____ /20

Math Blaster 1—Three-digit Subtraction Without Regrouping

879 − 231	454 − 203	696 − 385	563 − 332	482 − 241	355 − 34	553 − 132
269 − 143	687 − 126	897 − 667	587 − 161	459 − 224	203 − 103	564 − 461
988 − 916	782 − 232	479 − 452	583 − 252	673 − 240	286 − 172	**Math Blaster Score** ____ **20**

Math Blaster 2—Three-digit Subtraction Without Regrouping

769 − 110	769 − 665	886 − 614	457 − 143	245 − 241	869 − 541	393 − 190
998 − 687	753 − 332	642 − 330	597 − 431	449 − 104	684 − 283	248 − 133
963 − 651	399 − 347	778 − 755	987 − 133	843 − 422	574 − 222	**Math Blaster Score** ____ **20**

Math Blaster 3—Three-digit Subtraction Without Regrouping

783 − 542	256 − 220	257 − 146	143 − 22	522 − 210	945 − 711	996 − 854
463 − 440	153 − 123	687 − 146	892 − 720	588 − 323	277 − 114	838 − 510
996 − 394	489 − 355	679 − 238	348 − 127	668 − 431	793 − 261	

Math Blaster Score ____ / 20

Math Blaster 4—Three-digit Subtraction Without Regrouping

397 − 206	149 − 28	362 − 131	259 − 215	999 − 237	658 − 217	258 − 134
475 − 130	979 − 749	492 − 360	749 − 227	561 − 530	536 − 201	685 − 524
897 − 150	138 − 120	765 − 164	886 − 634	975 − 453	869 − 501	

Math Blaster Score ____ / 20

Math Blaster 5—Three-digit Subtraction Without Regrouping

975 − 432	568 − 533	849 − 518	468 − 238	853 − 441	869 − 157	794 − 330
743 − 612	766 − 242	682 − 351	298 − 142	668 − 527	865 − 244	763 − 412
997 − 690	557 − 315	920 − 220	989 − 178	448 − 316	560 − 150	

Math Blaster Score ____ / 20

Math Blaster 6—Three-digit Subtraction Without Regrouping

896 − 131	687 − 381	454 − 340	387 − 174	389 − 144	853 − 451	556 − 402
871 − 221	369 − 300	741 − 311	639 − 412	522 − 210	857 − 234	934 − 131
536 − 21	745 − 222	645 − 645	577 − 143	996 − 583	756 − 145	

Math Blaster Score ____ / 20

Math Blaster 7—Three-digit Subtraction Without Regrouping

793	579	758	948	345	854	528
– 560	– 263	– 425	– 816	– 231	– 242	– 410
189	637	966	889	999	297	681
– 149	– 123	– 515	– 674	– 140	– 201	– 560
471	297	438	569	358	668	
– 220	– 150	– 124	– 137	– 134	– 345	

Math Blaster Score

______
20

Math Blaster 8—Three-digit Subtraction Without Regrouping

839	359	769	637	796	765	896
– 112	– 125	– 551	– 424	– 253	– 320	– 574
487	579	152	544	688	979	494
– 262	– 247	– 110	– 330	– 142	– 718	– 431
872	365	668	943	983	856	
– 110	– 264	– 633	– 310	– 941	– 221	

Math Blaster Score

______
20

Math Blaster 9—Three-digit Subtraction Without Regrouping

682	797	935	756	835	995	176
– 410	– 373	– 524	– 132	– 513	– 840	– 153
989	258	956	368	587	894	968
– 661	– 105	– 423	– 314	– 134	– 321	– 354
678	348	568	267	697	489	
– 322	– 238	– 427	– 226	– 521	– 260	

Math Blaster Score

____

20

Math Blaster 10—Three-digit Subtraction Without Regrouping

337	269	989	337	458	667	938
– 216	– 165	– 451	– 24	– 322	– 407	– 212
499	568	868	868	772	679	156
– 463	– 413	– 655	– 120	– 351	– 550	– 125
649	584	198	968	845	783	
– 311	– 242	– 138	– 245	– 324	– 731	

Math Blaster Score

____

20

Math Blaster 1—Three-digit Subtraction with Regrouping

929 – 858	843 – 418	555 – 228	636 – 396	466 – 248	261 – 157	375 – 247
427 – 155	361 – 252	446 – 283	423 – 371	988 – 393	561 – 137	770 – 421
535 – 107	821 – 514	770 – 141	354 – 260	682 – 453	557 – 473	

Math Blaster Score

20

Math Blaster 2—Three-digit Subtraction with Regrouping

860 – 151	754 – 294	917 – 392	831 – 370	593 – 567	916 – 493	727 – 241
676 – 139	415 – 262	824 – 184	454 – 335	353 – 193	421 – 371	904 – 454
978 – 409	609 – 243	773 – 581	883 – 147	560 – 435	467 – 385	

Math Blaster Score

20

Math Blaster 3—Three-digit Subtraction with Regrouping

946	781	555	680	224	855	660
– 562	– 391	– 172	– 312	– 174	– 593	– 223
842	503	862	451	766	830	931
– 533	– 261	– 437	– 270	– 581	– 111	– 617
302	419	506	436	475	964	
– 152	– 154	– 295	– 256	– 248	– 356	

Math Blaster Score

____
20

Math Blaster 4—Three-digit Subtraction with Regrouping

936	642	554	804	731	603	906
– 576	– 105	– 194	– 262	– 303	– 412	– 573
214	310	359	411	573	718	744
– 191	– 150	– 279	– 290	– 128	– 491	– 254
528	908	883	605	971	707	
– 345	– 622	– 691	– 321	– 591	– 145	

Math Blaster Score

____
20

Math Blaster 5—Three-digit Subtraction with Regrouping

806 − 423	852 − 329	894 − 587	934 − 28	684 − 476	641 − 505	947 − 881
690 − 642	228 − 165	796 − 718	751 − 202	873 − 14	572 − 164	507 − 316
957 − 629	381 − 145	545 − 327	609 − 589	432 − 316	753 − 591	

Math Blaster Score

___ / 20

Math Blaster 6—Three-digit Subtraction with Regrouping

941 − 134	515 − 130	460 − 353	324 − 217	374 − 245	863 − 416	980 − 467
544 − 26	875 − 292	389 − 190	661 − 419	582 − 268	706 − 325	853 − 109
432 − 251	715 − 291	687 − 329	612 − 604	968 − 570	719 − 127	

Math Blaster Score

___ / 20

Math Blaster 7—Three-digit Subtraction with Regrouping

817 − 209	455 − 219	667 − 381	641 − 537	391 − 329	559 − 470	858 − 519
423 − 119	454 − 406	809 − 616	676 − 228	447 − 297	525 − 306	546 − 273
964 − 655	858 − 219	530 − 224	290 − 178	347 − 164	856 − 138	Math Blaster Score ____ 20

Math Blaster 8—Three-digit Subtraction with Regrouping

912 − 342	453 − 308	450 − 314	354 − 137	768 − 139	873 − 45	864 − 736
595 − 36	520 − 413	697 − 229	842 − 262	538 − 398	936 − 243	722 − 119
750 − 122	951 − 291	642 − 405	508 − 138	618 − 597	862 − 690	Math Blaster Score ____ 20

Math Blaster 9—Three-digit Subtraction with Regrouping

806 − 223	656 − 270	443 − 18	664 − 284	333 − 125	537 − 176	644 − 427
797 − 238	518 − 488	847 − 355	905 − 455	986 − 267	914 − 544	735 − 562
801 − 191	592 − 346	348 − 154	923 − 772	629 − 180	812 − 681	

Math Blaster Score

____ / 20

Math Blaster 10—Three-digit Subtraction with Regrouping

933 − 616	822 − 404	708 − 538	364 − 237	851 − 129	655 − 429	936 − 417
492 − 188	735 − 316	685 − 568	542 − 218	781 − 362	564 − 245	451 − 19
871 − 345	865 − 329	609 − 258	865 − 106	693 − 188	554 − 262	

Math Blaster Score

____ / 20

How Am I Doing?

Differences to 10 (pages 58–61)

Math Blaster Score	Math Blaster 1	Math Blaster 2	Math Blaster 3	Math Blaster 4	Math Blaster 5	Math Blaster 6	Math Blaster 7	Math Blaster 8
20								
19								
18								
17								
16								
15								
14								
13								
12								
11								
10								
9								
8								
7								
6								
5								
4								
3								
2								
1								

Differences from 11 to 20 (pages 62–66)

Math Blaster Score	Math Blaster 1	Math Blaster 2	Math Blaster 3	Math Blaster 4	Math Blaster 5	Math Blaster 6	Math Blaster 7	Math Blaster 8	Math Blaster 9	Math Blaster 10
20										
19										
18										
17										
16										
15										
14										
13										
12										
11										
10										
9										
8										
7										
6										
5										
4										
3										
2										
1										

How Am I Doing? (continued)

Two-digit Subtraction Without Regrouping (pages 67–71)

Math Blaster Score	Math Blaster 1	Math Blaster 2	Math Blaster 3	Math Blaster 4	Math Blaster 5	Math Blaster 6	Math Blaster 7	Math Blaster 8	Math Blaster 9	Math Blaster 10
20										
19										
18										
17										
16										
15										
14										
13										
12										
11										
10										
9										
8										
7										
6										
5										
4										
3										
2										
1										

Two-digit Subtraction with Regrouping (pages 72–76)

Math Blaster Score	Math Blaster 1	Math Blaster 2	Math Blaster 3	Math Blaster 4	Math Blaster 5	Math Blaster 6	Math Blaster 7	Math Blaster 8	Math Blaster 9	Math Blaster 10
20										
19										
18										
17										
16										
15										
14										
13										
12										
11										
10										
9										
8										
7										
6										
5										
4										
3										
2										
1										

How Am I Doing? (continued)

Three-digit Subtraction Without Regrouping (pages 77–81)

Math Blaster Score	Math Blaster 1	Math Blaster 2	Math Blaster 3	Math Blaster 4	Math Blaster 5	Math Blaster 6	Math Blaster 7	Math Blaster 8	Math Blaster 9	Math Blaster 10
20										
19										
18										
17										
16										
15										
14										
13										
12										
11										
10										
9										
8										
7										
6										
5										
4										
3										
2										
1										

Three-digit Subtraction with Regrouping (pages 82–86)

Math Blaster Score	Math Blaster 1	Math Blaster 2	Math Blaster 3	Math Blaster 4	Math Blaster 5	Math Blaster 6	Math Blaster 7	Math Blaster 8	Math Blaster 9	Math Blaster 10
20										
19										
18										
17										
16										
15										
14										
13										
12										
11										
10										
9										
8										
7										
6										
5										
4										
3										
2										
1										

Certificate of Merit—Subtraction

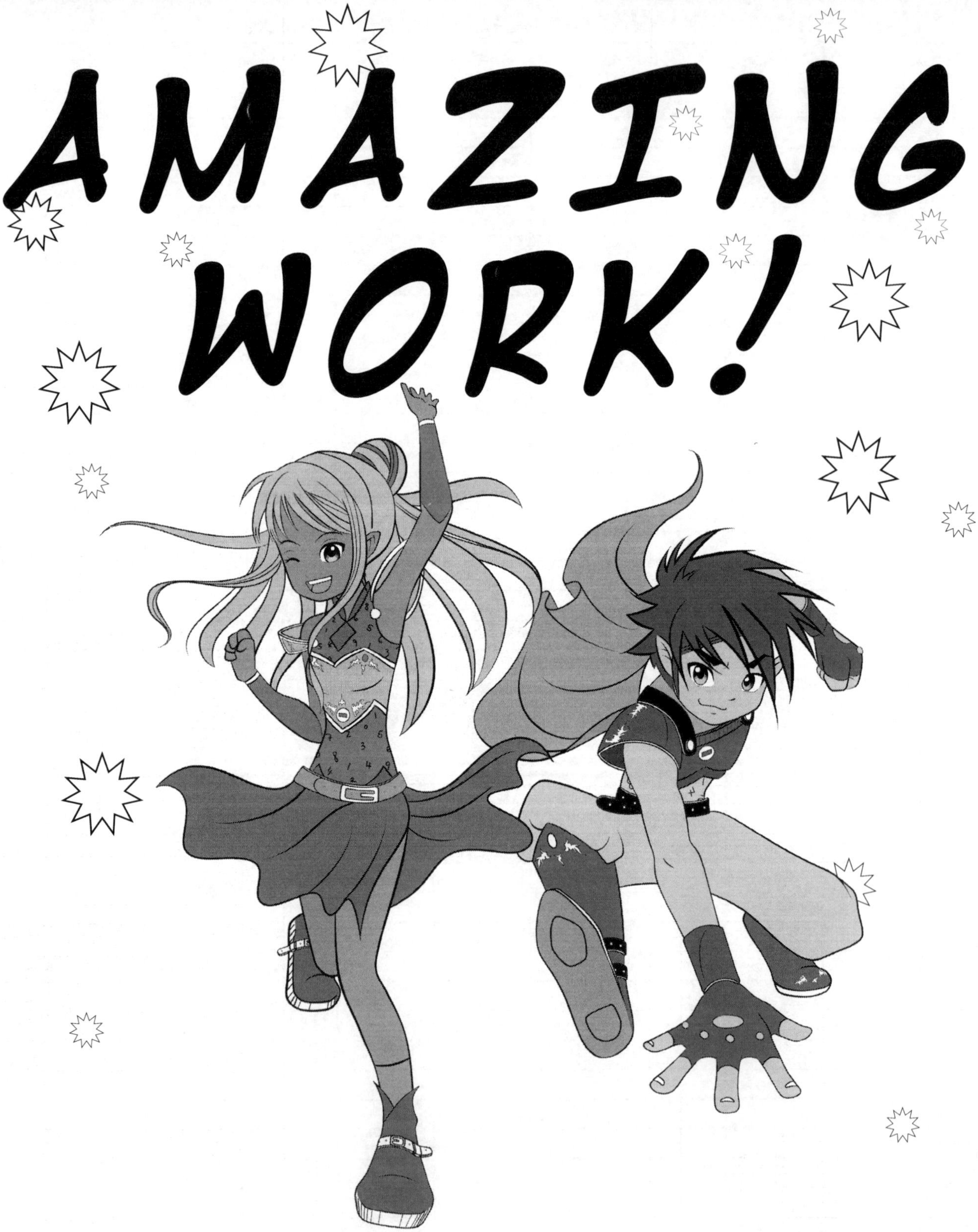

Name

Answers

2 — Differences to 5

1. Count the blocks, then cross them out to help you subtract.

1 − 1 = 0	5 − 4 = 1
3 − 2 = 1	5 − 3 = 2
3 − 1 = 2	5 − 1 = 4
5 − 2 = 3	4 − 2 = 2
4 − 3 = 1	4 − 1 = 3

3 — Differences to 5 (continued)

2. Draw ●s, then cross them out to help you subtract.

5 − 4 = 1	1 − 1 = 0
5 − 1 = 4	4 − 3 = 1
3 − 1 = 2	3 − 2 = 1
4 − 1 = 3	5 − 2 = 3
5 − 3 = 2	4 − 2 = 2

4 — Differences to 5 (continued)

3. Subtract.

5 − 1 = 4	3 − 0 = 3	4 − 0 = 4
2 − 0 = 2	2 − 2 = 0	4 − 3 = 1
4 − 2 = 2	1 − 1 = 0	3 − 2 = 1
5 − 2 = 3	1 − 0 = 1	4 − 4 = 0
5 − 4 = 1	2 − 1 = 1	3 − 3 = 0

5 — Subtraction Facts to 5

1. Subtract.

5 − 5 = 0	3 − 2 = 1	1 − 0 = 1	4 − 3 = 1	5 − 4 = 1
5 − 2 = 3	5 − 0 = 5	1 − 1 = 0	2 − 0 = 2	5 − 3 = 2
5 − 1 = 4	4 − 0 = 4	4 − 4 = 0	2 − 1 = 1	4 − 3 = 1
2 − 2 = 0	4 − 1 = 3	3 − 1 = 2	3 − 3 = 0	4 − 2 = 2

© Chalkboard Publishing Inc 5

6 — Subtraction Practice

1. Write the number sentence.

3 − 1 = 2	8 − 5 = 3
8 − 1 = 7	4 − 2 = 2
6 − 3 = 3	6 − 2 = 4
9 − 4 = 5	10 − 2 = 8
8 − 3 = 5	10 − 1 = 9

7 — Subtraction Practice (continued)

2. Write the number sentence.

4 − 3 = 1	6 − 4 = 2
9 − 1 = 8	7 − 3 = 4
8 − 6 = 2	6 − 1 = 5
5 − 2 = 3	3 − 2 = 1
8 − 4 = 4	9 − 6 = 3

8 — How Many Ways Can You Subtract from Ten?

1. Use the ten frames to show different ways to subtract from ten.

10 − 6 = 4	10 − 1 = 9
10 − 7 = 3	10 − 4 = 6
10 − 9 = 1	10 − 2 = 8
10 − 0 = 10	10 − 3 = 7
10 − 5 = 5	10 − 6 = 4

9 — Subtract 1 or 2 by Counting Back

Subtract 1 by counting back.
2 − 1 =
Count back from the first number.
Count out loud.

Stop when 1 finger is up.
2 − 1 = 1

Subtract 2 by counting back.
5 − 2 =
Count back from the first number.
Count out loud.

Stop when 2 fingers are up.
5 − 2 = 3

1. Subtract by counting back.

4 − 1 = 3 4, 3	6 − 2 = 4 6, 5, 4
10 − 1 = 9 10, 9	7 − 2 = 5 7, 6, 5
8 − 1 = 7 8, 7	4 − 2 = 2 4, 3, 2
9 − 1 = 8 9, 8	3 − 2 = 1 3, 2, 1

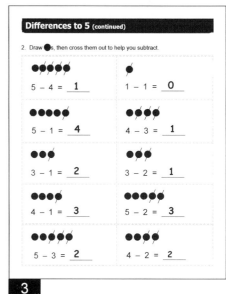

10

Subtraction Facts for 0, 1, or 2

1. Subtract. Remember to count back.

9 − 2 = 7	8 − 1 = 7	5 − 0 = 5	9 − 1 = 8	6 − 0 = 6
10 − 1 = 9	6 − 2 = 4	9 − 0 = 9	2 − 1 = 1	4 − 2 = 2
7 − 1 = 6	8 − 0 = 8	3 − 0 = 3	6 − 1 = 5	10 − 2 = 8
4 − 1 = 3	5 − 1 = 4	7 − 2 = 5	4 − 0 = 4	8 − 2 = 6
3 − 2 = 1	7 − 0 = 7	2 − 2 = 0	1 − 1 = 0	3 − 1 = 2

11

Subtract Facts for 3, 4, or 5

1. Subtract.

6 − 4 = 2	9 − 5 = 4	4 − 4 = 0	8 − 3 = 5	7 − 5 = 2
10 − 3 = 7	8 − 4 = 4	6 − 5 = 1	9 − 4 = 5	5 − 5 = 0
6 − 3 = 3	10 − 5 = 5	8 − 5 = 3	3 − 3 = 0	7 − 3 = 4
10 − 4 = 6	7 − 4 = 3	9 − 3 = 6	4 − 3 = 1	5 − 4 = 1

12

Use a Number Line to Subtract

Use a number line to subtract.

9 – 5 = 4

SAY: 9, 8, 7, 6, 5, 4

Mark a dot at 9.
Draw 5 jumps to count back.
Stop at 4.

1. Use the number line to subtract. Mark a dot to show where you start. Next count back by drawing the jumps. Write the answer.

10 – 5 = 5

9 – 4 = 5

8 – 1 = 7

6 – 2 = 4

13

Use a Number Line to Subtract (continued)

2. Use the number line to subtract. Mark a dot to show where you start. Next count back by drawing the jumps. Write the answer.

9 – 5 = 4

5 – 3 = 2

7 – 1 = 6

8 – 6 = 2

10 – 3 = 7

7 – 6 = 1

9 – 8 = 1

14

Math Riddle: Subtraction Facts to 10

How do astronauts get a baby to go to sleep?

T	H	E	Y	R	O	C	K	E	T!
2	6	9	1	8	10	7	3	9	2

A 9 − 4 = 5	B 7 − 3 = 4	C 9 − 2 = 7	E 9 − 0 = 9
H 8 − 2 = 6	K 4 − 1 = 3	O 10 − 0 = 10	R 10 − 2 = 8
T 5 − 3 = 2	Y 3 − 2 = 1		

Watch out! Some letters are not used in the riddle.

© Chalkboard Publishing Inc

15

Make Subtraction Sentences

1. Cross out the blocks you want to take away. Colour the blocks left. Complete the **Answers might vary. Sample answers:**

4 – 2 = 2
4 – 3 = 1
4 – 1 = 3
4 – 0 = 4

9 – 8 = 1
9 – 2 = 7
9 – 5 = 4
9 – 3 = 6

6 – 2 = 4
6 – 5 = 1
6 – 3 = 3
6 – 4 = 2

16

Make Subtraction Sentences (continued)

2. Cross out the blocks you want to take away. Colour the blocks left. Complete th **Answers might vary. Sample answers:**

12 – 6 = 6
12 – 4 = 8
12 – 2 = 10
12 – 5 = 7

5 – 4 = 1
5 – 2 = 3
5 – 1 = 4
5 – 3 = 2

8 – 4 = 4
8 – 6 = 2
8 – 1 = 7
8 – 5 = 3

17

Make Subtraction Sentences (continued)

3. Cross out the blocks you want to take away. Colour the blocks left. Complete the **Answers might vary. Sample answers:**

7 – 4 = 3
7 – 2 = 5
7 – 6 = 1
7 – 3 = 4

11 – 5 = 6
11 – 7 = 4
11 – 1 = 10
11 – 9 = 2

10 – 3 = 7
10 – 8 = 2
10 – 4 = 6
10 – 5 = 5

18

Differences to 12

1. Subtract.

10 – 7 = 3	11 – 8 = 3	7 – 6 = 1
4 – 2 = 2	10 – 5 = 5	5 – 2 = 3
4 – 3 = 1	6 – 4 = 2	7 – 4 = 3
8 – 2 = 6	9 – 5 = 4	3 – 1 = 2
1 – 0 = 1	12 – 6 = 6	3 – 3 = 0

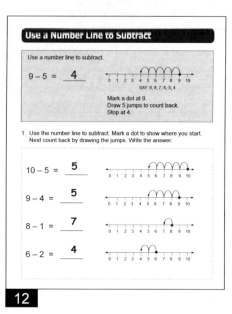

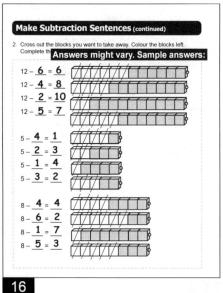

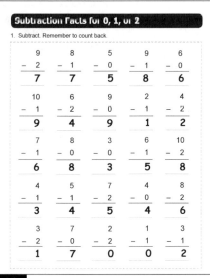

19

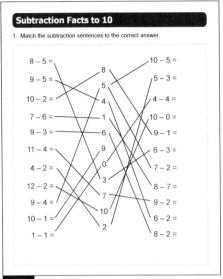

Subtraction Facts to 10

1. Match the subtraction sentences to the correct answer.

Left column: 8 – 5 =, 9 – 5 =, 10 – 2 =, 7 – 6 =, 9 – 3 =, 11 – 4 =, 4 – 2 =, 12 – 2 =, 9 – 4 =, 10 – 1 =, 1 – 1 =

Answers: 8, 5, 4, 1, 6, 9, 0, 3, 7, 10, 2

Right column: 10 – 5 =, 5 – 3 =, 4 – 4 =, 10 – 0 =, 9 – 1 =, 6 – 3 =, 7 – 2 =, 8 – 7 =, 9 – 2 =, 6 – 2 =, 8 – 2 =

20

Missing Numbers: Subtraction Facts to 12

Fill in the missing numbers to complete the differences.
Use the number line or counters to help.

0 1 2 3 4 5 6 7 8 9 10 11 12

[5] – 0 = 5	11 – [2] = 9	3 – [1] = 2	[11] – 7 = 4	9 – [5] = 4
9 – [1] = 8	10 – [9] = 1	[11] – 6 = 5	[9] – 6 = 3	12 – [8] = 4
[11] – 10 = 1	5 – [1] = 4	[12] – 4 = 8	10 – [5] = 5	12 – [6] = 6
10 – [7] = 3	11 – [3] = 8	[10] – 9 = 1	[6] – 3 = 3	8 – [2] = 6

21

Math Riddle: Subtraction Facts to 12

What do you get if you cross a cat with a tree?

A C A T - A - L O G U E!
2 3 2 7 2 10 8 1 9 4

A: 4 – 2 = 2	B: 6 – 0 = 6	C: 8 – 5 = 3	D: 9 – 4 = 5
E: 5 – 1 = 4	G: 7 – 6 = 1	L: 12 – 2 = 10	O: 11 – 3 = 8
T: 12 – 5 = 7	U: 10 – 1 = 9		

Watch out! Some letters are not used in the riddle.

22

Subtract 1 or 2 by Counting Back

1. Count back to subtract.

13 – 1 = 12 13, 12	20 – 2 = 18 20, 19, 18
19 – 1 = 18 19, 18	14 – 2 = 12 14, 13, 12
17 – 1 = 16 17, 16	19 – 2 = 17 19, 18, 17
15 – 1 = 14 15, 14	18 – 2 = 16 18, 17, 16
20 – 1 = 19 20, 19	16 – 2 = 14 16, 15, 14
16 – 1 = 15 16, 15	15 – 2 = 13 15, 14, 13
14 – 1 = 13 14, 13	13 – 2 = 11 13, 12, 11

23

Make 10 to Subtract

1. Make 10 to make an easier problem. Then subtract.

14 – 8 = 14 – 8 = 16 – 10 = 6 I know 8 + 2 = 10. So I add 2 to each number. Then I subtract to get the answer.	12 – 9 = 12 – 9 = 13 – 10 = 3 Add 1 to each number.
16 – 7 = 16 – 7 = 19 – 10 = 9 Add 3 to each number.	19 – 6 = 19 – 6 = 23 – 10 = 13 Add 4 to each number.
18 – 7 = 18 – 7 = 21 – 10 = 11 Add 3 to each number.	15 – 7 = 15 – 7 = 18 – 10 = 8 Add 3 to each number.
13 – 9 = 13 – 9 = 14 – 10 = 4 Add 1 to each number.	17 – 6 = 17 – 6 = 21 – 10 = 11 Add 4 to each number.

24

Subtract 7, 8, or 9, from 11 to 20

1. Find each difference. You can subtract by counting back.

11 – 9 = 2	13 – 8 = 5	16 – 8 = 8	19 – 8 = 11	12 – 9 = 3
17 – 7 = 10	11 – 8 = 3	14 – 8 = 6	20 – 7 = 13	12 – 8 = 4
11 – 9 = 2	11 – 7 = 4	15 – 9 = 6	15 – 8 = 7	14 – 9 = 5
16 – 9 = 7	12 – 7 = 5	18 – 8 = 10	13 – 9 = 4	16 – 7 = 9
20 – 8 = 12	19 – 9 = 10	17 – 9 = 8	14 – 7 = 7	15 – 7 = 8

25

Subtraction Practice: Differences from 11 to 15

1. Find each difference. You can subtract by counting back.

11 – 5 = 6	12 – 9 = 3	13 – 1 = 12	13 – 7 = 6	12 – 8 = 4
11 – 7 = 4	15 – 0 = 15	11 – 6 = 5	12 – 3 = 9	14 – 4 = 10
13 – 2 = 11	11 – 4 = 7	15 – 4 = 11	14 – 7 = 7	14 – 6 = 8
12 – 5 = 7	12 – 4 = 8	14 – 2 = 12	15 – 6 = 9	15 – 9 = 6

26

Subtraction Practice: Differences from 16 to 20

1. Find each difference. You can subtract by counting back.

20 – 1 = 19	19 – 9 = 10	16 – 8 = 8	18 – 5 = 13	17 – 7 = 10
20 – 10 = 10	19 – 10 = 9	16 – 9 = 7	20 – 3 = 17	18 – 9 = 9
17 – 10 = 7	19 – 7 = 12	18 – 6 = 12	16 – 3 = 13	16 – 7 = 9
17 – 8 = 9	16 – 4 = 12	20 – 5 = 15	19 – 3 = 16	20 – 2 = 18
16 – 2 = 14	19 – 3 = 16	17 – 9 = 8	18 – 8 = 10	18 – 2 = 16

27

Subtraction Practice: Differences from 11 to 20

1. Find each difference. You can subtract by counting back.

11 – 5 = 6	12 – 8 = 4	14 – 6 = 8	20 – 10 = 10	13 – 7 = 6
15 – 10 = 5	19 – 3 = 16	16 – 2 = 14	18 – 9 = 9	17 – 10 = 7
15 – 2 = 13	11 – 8 = 3	20 – 2 = 18	15 – 8 = 7	11 – 4 = 7
13 – 5 = 8	12 – 2 = 10	14 – 9 = 5	16 – 10 = 6	14 – 7 = 7

 27

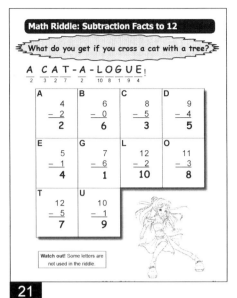

Missing Numbers

1. Fill in the missing numbers to complete the differences. Use the number line or counters to subtract.

0 1 2 3 4 5 6 7 8 9 10 11 12 13 14 15 16 17 18 19 20

13 − 4 = 9	14 − 1 = 13	19 − 2 = 17	15 − 7 = 8	14 − 8 = 6
15 − 7 = 8	18 − 9 = 9	17 − 10 = 7	15 − 9 = 6	13 − 8 = 5
20 − 10 = 10	13 − 2 = 11	13 − 5 = 8	12 − 6 = 6	10 − 5 = 5
13 − 9 = 4	14 − 9 = 5	16 − 9 = 7	12 − 7 = 5	16 − 8 = 8

28

Math Riddle: Subtraction Facts to 20

What do you get when you cross a parrot with a shark?

A BIRD THAT WILL TALK YOUR EAR OFF!

20 | 8 19 1 7 | 15 16 20 15 | 10 19 4 4 | 15 20 4 13 | 14 2 3 1 | 18 20 1 | 2 5 5

Watch out! Some letters are not used in the riddle.

A 20 − 0 = 20	B 17 − 9 = 8	C 19 − 2 = 17	D 14 − 7 = 7	E 18 − 0 = 18
F 10 − 5 = 5	G 13 − 7 = 6	H 19 − 3 = 16	I 20 − 1 = 19	J 13 − 4 = 9
K 19 − 6 = 13	L 9 − 5 = 4	N 14 − 2 = 12	O 8 − 6 = 2	P 15 − 4 = 11
R 2 − 1 = 1	T 19 − 4 = 15	U 12 − 9 = 3	W 15 − 5 = 10	Y 18 − 4 = 14

29

Subtraction Facts to 20

1. Subtract. Use the number line to count back.

0 1 2 3 4 5 6 7 8 9 10 11 12 13 14 15 16 17 18 19 20

5 − 3 = 2	14 − 6 = 8	12 − 8 = 4	7 − 4 = 3	19 − 2 = 17
10 − 0 = 10	13 − 9 = 4	11 − 4 = 7	15 − 2 = 13	20 − 3 = 17
19 − 9 = 10	17 − 2 = 15	9 − 6 = 3	16 − 8 = 8	12 − 11 = 1
6 − 5 = 1	14 − 2 = 12	12 − 6 = 6	20 − 10 = 10	4 − 4 = 0

30

Subtracting Tens

Think of a subtraction fact to subtract tens.

Find 40 – 20
Think 4 – 2 = 2
4 tens – 2 tens = 2 tens

40 – 20 = 20

4 tens / 2 tens

1. Use a basic fact to help you subtract tens.

10 – 7 = 3 100 – 70 = 30	8 – 3 = 5 80 – 30 = 50
7 – 3 = 4 70 – 30 = 40	7 – 5 = 2 70 – 50 = 20
6 – 4 = 2 60 – 40 = 20	9 – 6 = 3 90 – 60 = 30
8 – 4 = 4 80 – 40 = 40	6 – 2 = 4 60 – 20 = 40

31

Use a Number Line to Subtract

1. Use the number line to subtract. Mark a dot to show where you start. Next, count back by drawing the steps. Write the answer.

- 28 – 2 = 26 (20 21 22 23 24 25 26 27 28 29 30)
- 34 – 3 = 31 (28 29 30 31 32 33 34 35 36 37 38)
- 46 – 6 = 40 (40 41 42 43 44 45 46 47 48 49 50)
- 59 – 4 = 55 (50 51 52 53 54 55 56 57 58 59 60)
- 21 – 5 = 16 (15 16 17 18 19 20 21 22 23 24 25)
- 30 – 7 = 23 (22 23 24 25 26 27 28 29 30 31 32)
- 62 – 9 = 53 (53 54 55 56 57 58 59 60 61 62 63)

32

Two-digit Subtraction Without Regrouping

Line up the ones and tens. First subtract the ones. Then subtract the tens.

tens | ones: 87 − 44 = 43

1. Use a tens and ones chart to subtract. Shade the ones column yellow. Shade the tens column orange.

53 − 50 = 3	97 − 73 = 24	99 − 23 = 76	71 − 50 = 21	86 − 60 = 26
98 − 64 = 34	25 − 14 = 11	84 − 53 = 31	67 − 34 = 33	69 − 45 = 24
78 − 17 = 61	95 − 41 = 54	25 − 10 = 15	46 − 45 = 1	69 − 27 = 42
33 − 13 = 20	74 − 72 = 2	28 − 13 = 15	89 − 21 = 68	78 − 11 = 67

33

Two-digit Subtraction Without Regrouping (continued)

2. Use a tens and ones chart to subtract.

59 − 29 = 30	77 − 40 = 37	94 − 73 = 21	46 − 34 = 12	67 − 25 = 42
39 − 28 = 11	45 − 44 = 1	99 − 25 = 74	87 − 34 = 53	47 − 21 = 26
89 − 43 = 46	99 − 62 = 37	28 − 17 = 11	76 − 76 = 0	87 − 52 = 35
28 − 12 = 16	86 − 35 = 51	34 − 11 = 23	93 − 10 = 83	58 − 36 = 22

34 © Chalkboard Publishing Inc

34

Math Riddle: Two-digit Subtraction Without Regrouping

How can you fit more pigs on a farm?

BUILD A STY-SCRAPER!

41 42 21 33 44 | 25 | 32 50 10 | 32 30 11 25 14 43 11

A 49 − 24 = 25	B 51 − 10 = 41	C 45 − 15 = 30	D 98 − 54 = 44	E 66 − 23 = 43
H 98 − 67 = 31	I 55 − 34 = 21	L 57 − 24 = 33	M 38 − 18 = 20	P 77 − 63 = 14
R 64 − 53 = 11	S 48 − 16 = 32	T 75 − 25 = 50	U 87 − 45 = 42	Y 39 − 29 = 10

Watch out! Some letters are not used in the riddle.

© Chalkboard Publishing Inc 35

35

Math Riddle: Two-digit Subtraction Without Regrouping

Why is it easy to weigh a fish?

BECAUSE IT HAS ITS OWN SCALES!

13 42 26 11 30 41 42 | 51 12 | 21 11 41 | 51 12 41 | 20 27 24 | 41 26 11 29 42 41

A 82 − 71 = 11	B 97 − 84 = 13	C 37 − 11 = 26	D 53 − 30 = 23	E 65 − 23 = 42
G 40 − 10 = 30	H 97 − 76 = 21	I 91 − 40 = 51	L 79 − 50 = 29	N 66 − 42 = 24
O 43 − 23 = 20	S 55 − 14 = 41	T 37 − 25 = 12	U 54 − 24 = 30	W 89 − 62 = 27

Watch out! Some letters are not used in the riddle.

36 © Chalkboard Publishing Inc

36

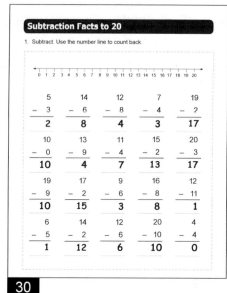

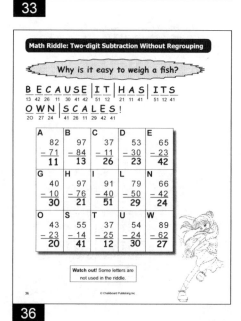

Make 20 to Subtract

1. Make 20 to make an easier problem. Then subtract.

36 – 19 =
36 – 19 = 37 – 20 = 17
I know 19 + 1 = 20.
So I add 1 to each number.
Then I subtract to get the answer.

31 – 16 =
31 – 16 = 35 – 20 = 15
Add 4 to each number.

23 – 18 =
23 – 18 = 25 – 20 = 5
Add 2 to each number.

57 – 17 =
57 – 17 = 60 – 20 = 40
Add 3 to each number.

44 – 19 =
44 – 19 = 45 – 20 = 25
Add 1 to each number.

63 – 18 =
63 – 18 = 65 – 20 = 45
Add 2 to each number.

76 – 17 =
76 – 17 = 79 – 20 = 59
Add 3 to each number.

82 – 16 =
82 – 16 = 86 – 20 = 66
Add 4 to each number.

37

Practice Regrouping Ones as Tens

1. Count and regroup ones as tens.

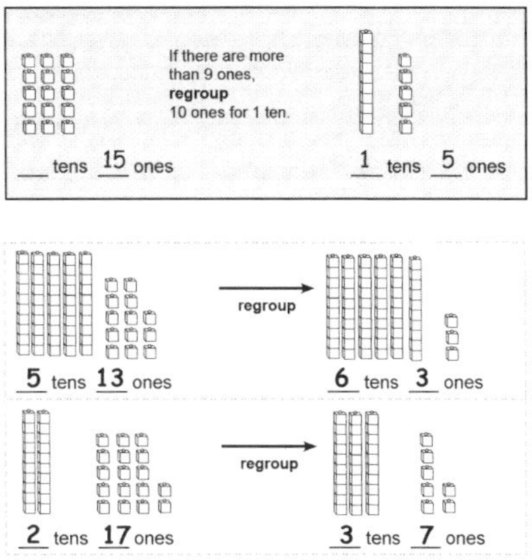

38

Practice Regrouping Ones as Tens (continued)

2. Count and regroup ones as tens.

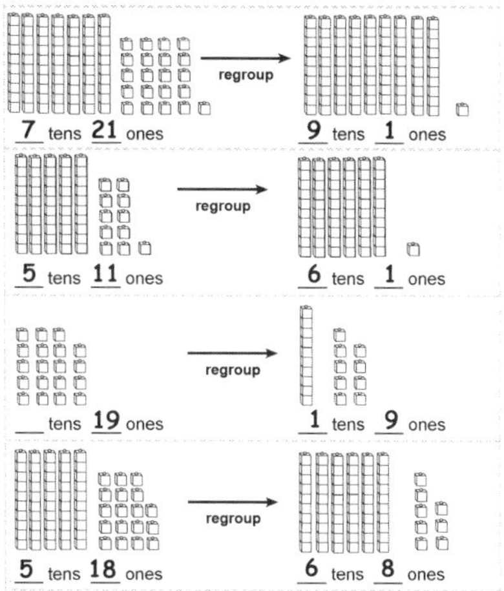

39

Two-digit Subtraction with Regrouping

Line up the ones and the tens.
Subtract the ones.
You cannot take 9 from 2.
So, trade 1 ten from the tens for 10 ones in the ones.
Now there are 12 ones.
Write the ones.
Then write the tens.

tens	ones
4	2
– 3	9
	3

1. Use a tens and ones chart to subtract. Shade the ones column yellow. Shade the tens column orange.

84 – 46 = 38; 32 – 16 = 16; 94 – 65 = 29; 41 – 33 = 8; 30 – 29 = 1
85 – 18 = 67; 72 – 45 = 27; 81 – 54 = 27; 53 – 27 = 26; 31 – 12 = 19
63 – 25 = 38; 93 – 26 = 67; 72 – 24 = 48; 71 – 14 = 57; 25 – 17 = 8

40

Two-digit Subtraction with Regrouping (continued)

2. Use a tens and ones chart to subtract. Shade the ones column yellow. Shade the tens column orange.

50 – 15 = 35; 60 – 33 = 27; 31 – 22 = 9; 54 – 16 = 38; 71 – 32 = 39
77 – 39 = 38; 86 – 48 = 38; 63 – 34 = 29; 92 – 47 = 45; 42 – 15 = 27
90 – 45 = 45; 71 – 37 = 34; 91 – 55 = 36; 60 – 19 = 41; 41 – 28 = 13
60 – 26 = 34; 93 – 29 = 64; 50 – 11 = 39; 40 – 32 = 8; 81 – 54 = 27
55 – 27 = 28; 83 – 25 = 58; 40 – 21 = 19; 30 – 22 = 8; 90 – 11 = 79

41

Two-digit Subtraction with Regrouping (continued)

3. Use a tens and ones chart to subtract. Shade the ones column yellow. Shade the tens column orange.

80 – 69 = 11; 40 – 17 = 23; 53 – 34 = 19; 58 – 29 = 29; 74 – 39 = 35
80 – 39 = 41; 83 – 48 = 35; 92 – 34 = 58; 61 – 47 = 14; 24 – 15 = 9
53 – 27 = 26; 72 – 28 = 44; 91 – 22 = 69; 60 – 14 = 46; 91 – 57 = 34
82 – 33 = 49; 60 – 21 = 39; 30 – 16 = 14; 46 – 29 = 17; 51 – 17 = 34
35 – 19 = 16; 45 – 17 = 28; 96 – 19 = 77; 67 – 59 = 8; 70 – 36 = 34

42

Math Riddle: Two-digit Subtraction with Regrouping

Why did the chicken cross the road?

TO PROVE HE WASN'T CHICKEN!

A	B	C	E	H
67 – 19 = 48	76 – 27 = 49	84 – 27 = 57	50 – 18 = 32	61 – 38 = 23
I	**K**	**N**	**O**	**P**
82 – 19 = 63	48 – 29 = 19	92 – 18 = 74	71 – 29 = 42	30 – 15 = 15
R	**S**	**T**	**V**	**W**
86 – 27 = 59	22 – 9 = 13	71 – 17 = 54	73 – 34 = 39	41 – 29 = 12

Watch out! Some letters are not used in the riddle.

43

Math Riddle: Two-digit Subtraction with Regrouping

What animal has more lives than a cat?

FROGS, BECAUSE THEY CROAK EVERY NIGHT!

A	B	C	D	E	F
58 – 29 = 29	76 – 38 = 38	38 – 29 = 9	27 – 19 = 8	66 – 49 = 17	96 – 17 = 79
G	**H**	**I**	**K**	**N**	**O**
91 – 23 = 68	65 – 19 = 46	72 – 36 = 36	86 – 17 = 69	44 – 31 = 13	55 – 18 = 37
R	**S**	**T**	**U**	**V**	**Y**
72 – 45 = 27	33 – 14 = 19	52 – 18 = 34	90 – 72 = 18	72 – 25 = 47	83 – 34 = 49

Watch out! Some letters are not used in the riddle.

44

Math Riddle: Two-digit Subtraction with Regrouping

Why did the fox cross the road?

TO EAT THE CHICKEN ON THE OTHER SIDE!

A	B	C	D	E
92 – 59 = 33	80 – 67 = 13	36 – 27 = 9	65 – 39 = 26	64 – 16 = 48
G	**H**	**I**	**J**	**K**
26 – 18 = 8	11 – 8 = 3	70 – 27 = 43	87 – 59 = 28	91 – 42 = 49
N	**O**	**R**	**S**	**T**
63 – 46 = 17	20 – 2 = 18	20 – 13 = 7	81 – 14 = 67	63 – 25 = 38

Watch out! Some letters are not used in the riddle.

45

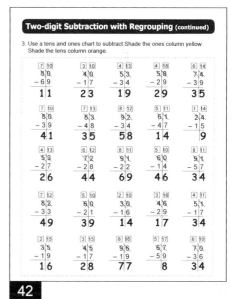

46

Subtraction Match

Match the question to the correct answer.

89 − 58 = 31
67 − 10 = 57
79 − 16 = 63
98 − 74 = 24
71 − 64 = 7
23 − 14 = 9
93 − 52 = 41
43 − 17 = 26

57
7
41
31
24
9
26
63

47 − 21 = 26
79 − 22 = 57
95 − 64 = 31
28 − 19 = 9
82 − 19 = 63
42 − 35 = 7
89 − 48 = 41
84 − 60 = 24

47

Three-digit Subtraction Without Regrouping

Line up the ones, tens, and hundreds. Subtract the ones. Then subtract the tens. Then subtract the hundreds.

hundreds	tens	ones
4	8	7
− 1	4	4
3	4	3

1. Use a hundreds, tens, and ones chart to help subtract. Shade the ones column yellow. Shade the tens column orange. Shade the hundreds column green.

436 − 230 = 206; 678 − 243 = 435; 567 − 463 = 104; 274 − 120 = 154; 486 − 25 = 461
568 − 514 = 54; 696 − 403 = 293; 799 − 372 = 427; 243 − 223 = 20; 444 − 123 = 321
939 − 809 = 130; 767 − 356 = 411; 425 − 320 = 105; 279 − 165 = 114; 762 − 520 = 242
985 − 312 = 673; 988 − 854 = 134; 398 − 377 = 21; 543 − 421 = 122; 358 − 220 = 138

48

Three-digit Subtraction Without Regrouping (continued)

2. Use the hundreds, tens and ones chart to subtract.

899 − 126 = 773; 836 − 333 = 503; 999 − 343 = 656; 128 − 128 = 0; 567 − 234 = 333
564 − 562 = 2; 634 − 232 = 402; 987 − 456 = 531; 273 − 151 = 122; 567 − 350 = 217
765 − 664 = 101; 442 − 340 = 102; 457 − 427 = 30; 329 − 123 = 206; 324 − 213 = 111
692 − 421 = 271; 198 − 134 = 64; 769 − 134 = 635; 877 − 825 = 52; 247 − 244 = 3

49

Math Riddle: Three-digit Subtraction Without Regrouping

How do you know which rabbits are old?

LOOK | FOR | THE | GREY
245 812 812 123 | 220 812 101 | 311 242 540 | 465 101 540 124

HARES!
242 353 101 540 222

A 453 − 100 = 353	B 552 − 421 = 131	C 978 − 653 = 325	E 667 − 127 = 540	F 861 − 641 = 220
G 767 − 302 = 465	H 444 − 202 = 242	I 498 − 325 = 173	K 346 − 223 = 123	L 276 − 31 = 245
O 959 − 147 = 812	R 214 − 113 = 101	S 335 − 113 = 222	T 716 − 405 = 311	Y 789 − 665 = 124

Watch out! Some letters are not used in the riddle.

50

Math Riddle: Three-digit Subtraction Without Regrouping

What is grey, blue, and huge?

AN | ELEPHANT | HOLDING
127 313 | 103 712 103 204 415 127 313 427 | 415 341 712 530 124 313 411

ITS | BREATH!
124 427 135 | 212 642 103 127 427 415

A 329 − 202 = 127	B 332 − 120 = 212	C 821 − 321 = 500	D 963 − 433 = 530	E 255 − 152 = 103
G 564 − 153 = 411	H 658 − 243 = 415	I 674 − 550 = 124	L 823 − 111 = 712	N 414 − 101 = 313
O 763 − 422 = 341	P 517 − 313 = 204	R 785 − 143 = 642	S 887 − 752 = 135	T 948 − 521 = 427

Watch out! Some letters are not used in the riddle.

51

Three-digit Subtraction with Regrouping

Line up the ones, tens, and hundreds. Subtract the ones.

Trade 1 hundred from the hundreds for 10 tens in the tens column. Subtract the tens. Then subtract the hundreds.

hundreds	tens	ones
5	14	
~~6~~	~~4~~	6
− 3	8	3
2	6	3

You cannot take 8 from 4. So, trade 1 hundred from the hundreds for 10 tens. Now there are 14 tens.

1. Use a hundreds, tens, and ones chart to subtract. Shade the ones column yellow. Shade the tens column orange. Shade the hundreds column green.

[5 12] 628 − 356 = 272; [4 10] 506 − 341 = 165; [5 14] 644 − 273 = 371; [6 12] 727 − 136 = 591; [7 15] 858 − 394 = 464
[4 15] 559 − 276 = 283; [6 11] 718 − 183 = 535; [8 10] 905 − 633 = 272; [6 11] 713 − 442 = 271; [5 10] 607 − 494 = 113
[4 13] 535 − 170 = 365; [3 10] 403 − 153 = 250; [2 11] 319 − 158 = 161; [8 11] 915 − 472 = 443; [7 13] 836 − 644 = 192

52

Three-digit Subtraction with Regrouping (continued)

2. Use a hundreds, tens, and ones chart to subtract. You will need to regroup.

[8 13] 693 − 376 = 317; [4 10] 650 − 135 = 515; [5 15] 665 − 249 = 416; [8 13] 893 − 439 = 454; [4 13] 753 − 314 = 439
[6 13] 273 − 147 = 126; [4 10] 450 − 249 = 201; [5 14] 964 − 235 = 729; [7 12] 582 − 138 = 444; [7 12] 682 − 424 = 258
[5 15] 965 − 346 = 619; [6 13] 473 − 147 = 326; [7 11] 781 − 513 = 268; [7 11] 981 − 442 = 539; [3 13] 543 − 216 = 327

3. Subtract. Regroup in the tens column and the hundreds column.

[8 10] 909 − 111 = 798; [6 10] 703 − 433 = 270; [8 10] 905 − 113 = 792; [6 15] 759 − 575 = 184; [1 17] 279 − 193 = 86
[7 13] 832 − 661 = 171; [2 11] 318 − 183 = 135; [4 10] 504 − 311 = 193; [3 12] 427 − 132 = 295; [7 10] 808 − 114 = 694

53

Three-digit Subtraction with Regrouping (continued)

4. Use the hundreds, tens, and ones chart to subtract. You will need to regroup the tens.

[5 11] 861 − 316 = 545; [3 12] 542 − 435 = 107; [3 10] 640 − 313 = 327; [8 16] 796 − 159 = 637; [2 15] 835 − 217 = 618
[7 10] 580 − 129 = 451; [4 14] 654 − 348 = 306; [5 12] 762 − 535 = 227; [7 17] 887 − 638 = 249; [6 11] 971 − 747 = 224
[4 11] 951 − 114 = 837; [5 12] 662 − 143 = 519; [7 11] 481 − 213 = 268; [7 10] 780 − 332 = 448; [8 13] 593 − 379 = 214

5. Subtract. Regroup in the tens column and the hundreds column.

[7 10] 809 − 625 = 184; [6 10] 706 − 214 = 492; [8 10] 905 − 420 = 485; [6 11] 719 − 123 = 596; [7 15] 852 − 590 = 262
[2 14] 345 − 193 = 152; [3 11] 413 − 150 = 263; [7 10] 804 − 361 = 443; [8 12] 927 − 475 = 452; [8 10] 909 − 286 = 623

54

Subtraction Match

Match the question to the answer.

624 − 564 = 60
378 − 81 = 297
787 − 520 = 267
951 − 14 = 937
642 − 192 = 450
714 − 189 = 525
560 − 458 = 102
464 − 133 = 331

102
60
331
525
267
450
937
297

227 − 125 = 102
835 − 385 = 450
976 − 39 = 937
893 − 368 = 525
590 − 323 = 267
138 − 78 = 60
679 − 348 = 331
959 − 662 = 297

55

Math Riddle: Three-digit Subtraction with Regrouping

What was the spider doing on the computer?

SEARCHING | THE | WEB!

95 72 128 229 91 619 307 134 107 | 46 619 72 | 264 72 159

A: 154 − 26 = 128	B: 295 − 136 = 159	C: 977 − 886 = 91	D: 886 − 139 = 747	E: 104 − 32 = 72
G: 312 − 205 = 107	H: 728 − 109 = 619	I: 530 − 223 = 307	J: 240 − 111 = 129	K: 649 − 259 = 390
N: 543 − 409 = 134	R: 366 − 137 = 229	S: 987 − 892 = 95	T: 116 − 70 = 46	W: 416 − 152 = 264

Watch out! Some letters are not used in the riddle.

56

Math Riddle: Three-digit Subtraction with Regrouping

When does a teacher carry birdseed?

WHEN | THERE | IS | A | PARROT-

22 190 391 492 | 84 190 391 92 391 | 140 184 | 795 | 226 795 92 92 280 84

TEACHER | CONFERENCE!

84 391 795 71 190 391 92 | 71 280 492 181 391 92 391 492 71 391

A: 975 − 180 = 795	B: 811 − 361 = 450	C: 134 − 63 = 71	D: 620 − 230 = 390	E: 539 − 148 = 391
F: 562 − 381 = 181	H: 481 − 291 = 190	I: 421 − 281 = 140	N: 748 − 256 = 492	O: 870 − 590 = 280
P: 318 − 92 = 226	R: 172 − 80 = 92	S: 334 − 150 = 184	T: 257 − 173 = 84	W: 103 − 81 = 22

Watch out! Some letters are not used in the riddle.

57

Math Riddle: Three-digit Subtraction with Regrouping

Why are dogs not good dancers?

BECAUSE | THEY | HAVE

244 235 7 359 285 108 235 | 82 109 235 627 | 109 359 388 235

TWO | LEFT | FEET!

82 186 214 | 522 235 217 82 | 217 235 235 82

A: 890 − 531 = 359	B: 508 − 264 = 244	C: 145 − 138 = 7	D: 834 − 540 = 294	E: 392 − 157 = 235
F: 565 − 348 = 217	H: 235 − 126 = 109	L: 704 − 182 = 522	O: 673 − 459 = 214	S: 125 − 17 = 108
T: 318 − 236 = 82	U: 894 − 609 = 285	V: 568 − 180 = 388	W: 457 − 271 = 186	Y: 990 − 363 = 627

Watch out! Some letters are not used in the riddle.

58

Math Blaster 1—Differences to 10

9 − 4 = 5	4 − 2 = 2	10 − 4 = 6	5 − 2 = 3	8 − 2 = 6	7 − 3 = 4	9 − 7 = 2
6 − 4 = 2	8 − 6 = 2	6 − 3 = 3	3 − 3 = 0	5 − 1 = 4	10 − 6 = 4	5 − 3 = 2
7 − 5 = 2	1 − 1 = 0	9 − 5 = 4	2 − 0 = 2	5 − 4 = 1	10 − 5 = 5	Math Blaster Score /20

Math Blaster 2—Differences to 10

9 − 3 = 6	7 − 1 = 6	5 − 2 = 3	8 − 5 = 3	6 − 0 = 6	4 − 4 = 0	7 − 5 = 2
3 − 1 = 2	7 − 2 = 5	1 − 0 = 1	9 − 6 = 3	10 − 2 = 8	5 − 5 = 0	10 − 4 = 6
9 − 0 = 9	5 − 3 = 2	6 − 1 = 5	2 − 2 = 0	4 − 2 = 2	10 − 7 = 3	Math Blaster Score /20

59

Math Blaster 3—Differences to 10

7 − 2 = 5	4 − 3 = 1	9 − 5 = 4	10 − 5 = 5	8 − 5 = 3	1 − 0 = 1	4 − 2 = 2
9 − 8 = 1	5 − 3 = 2	6 − 4 = 2	5 − 1 = 4	8 − 7 = 1	10 − 9 = 1	10 − 2 = 8
6 − 5 = 1	2 − 1 = 1	5 − 4 = 1	6 − 3 = 3	3 − 2 = 1	9 − 9 = 0	Math Blaster Score /20

Math Blaster 4—Differences to 10

2 − 0 = 2	5 − 3 = 2	5 − 1 = 4	8 − 3 = 5	2 − 2 = 0	4 − 4 = 0	5 − 2 = 3
3 − 1 = 2	4 − 2 = 2	5 − 5 = 0	8 − 6 = 2	10 − 5 = 5	1 − 1 = 0	10 − 3 = 7
9 − 4 = 5	7 − 4 = 3	6 − 3 = 3	9 − 7 = 2	7 − 5 = 2	10 − 9 = 1	Math Blaster Score /20

60

Math Blaster 5—Differences to 10

6 − 3 = 3	10 − 6 = 4	9 − 6 = 3	10 − 9 = 1	8 − 2 = 6	2 − 2 = 0	10 − 8 = 2
9 − 7 = 2	5 − 4 = 1	4 − 2 = 2	3 − 3 = 0	8 − 6 = 2	4 − 0 = 4	6 − 5 = 1
7 − 3 = 4	1 − 0 = 1	5 − 3 = 2	6 − 2 = 4	5 − 0 = 5	9 − 2 = 7	Math Blaster Score /20

Math Blaster 6—Differences to 10

2 − 0 = 2	8 − 4 = 4	9 − 7 = 2	6 − 3 = 3	5 − 3 = 2	1 − 1 = 0	8 − 3 = 5
10 − 4 = 6	5 − 2 = 3	6 − 5 = 1	7 − 6 = 1	10 − 5 = 5	4 − 3 = 1	9 − 3 = 6
3 − 1 = 2	7 − 1 = 6	5 − 1 = 4	4 − 2 = 2	5 − 4 = 1	2 − 2 = 0	Math Blaster Score /20

61

Math Blaster 7—Differences to 10

7 − 5 = 2	10 − 2 = 8	9 − 5 = 4	10 − 7 = 3	9 − 2 = 7	8 − 2 = 6	8 − 6 = 2
6 − 3 = 3	7 − 7 = 0	2 − 1 = 1	8 − 3 = 5	8 − 1 = 7	10 − 6 = 4	8 − 4 = 4
9 − 7 = 2	4 − 0 = 4	9 − 3 = 6	3 − 1 = 2	7 − 4 = 3	5 − 2 = 3	Math Blaster Score /20

Math Blaster 8—Differences to 10

10 − 8 = 2	4 − 3 = 1	8 − 7 = 1	10 − 7 = 3	5 − 3 = 2	1 − 1 = 0	7 − 6 = 1
2 − 1 = 1	7 − 4 = 3	6 − 3 = 3	4 − 0 = 4	9 − 6 = 3	9 − 1 = 8	5 − 4 = 1
3 − 1 = 2	6 − 2 = 4	5 − 2 = 3	8 − 3 = 5	10 − 4 = 6	6 − 5 = 1	Math Blaster Score /20

62

Math Blaster 1—Differences from 11 to 20

13 − 6 = 7	11 − 6 = 5	19 − 9 = 10	16 − 9 = 7	13 − 3 = 10	11 − 7 = 4	20 − 10 = 10
16 − 6 = 10	15 − 5 = 10	12 − 6 = 6	14 − 7 = 7	14 − 9 = 5	17 − 9 = 8	18 − 9 = 9
11 − 4 = 7	15 − 6 = 9	13 − 7 = 6	14 − 5 = 9	17 − 7 = 10	12 − 8 = 4	Math Blaster Score /20

Math Blaster 2—Differences from 11 to 20

19 − 8 = 11	11 − 8 = 3	18 − 5 = 13	16 − 3 = 13	15 − 4 = 11	20 − 2 = 18	15 − 7 = 8
13 − 9 = 4	18 − 8 = 10	19 − 2 = 17	17 − 9 = 8	16 − 7 = 9	12 − 5 = 7	14 − 4 = 10
13 − 5 = 8	14 − 2 = 12	12 − 6 = 6	14 − 9 = 5	17 − 8 = 9	11 − 3 = 8	Math Blaster Score /20

63

Math Blaster 3—Differences from 11 to 20

13 − 9 = 4	11 − 4 = 7	14 − 3 = 11	16 − 2 = 14	15 − 9 = 6	17 − 3 = 14	18 − 4 = 14
20 − 6 = 14	15 − 2 = 13	12 − 2 = 10	14 − 1 = 13	13 − 3 = 10	14 − 8 = 6	20 − 3 = 17
16 − 8 = 8	11 − 9 = 2	13 − 4 = 9	19 − 2 = 17	17 − 1 = 16	12 − 3 = 9	Math Blaster Score /20

Math Blaster 4—Differences from 11 to 20

19 − 9 = 10	16 − 3 = 13	18 − 3 = 15	17 − 9 = 8	12 − 4 = 8	17 − 7 = 10	15 − 6 = 9
20 − 1 = 19	12 − 8 = 4	19 − 3 = 16	11 − 4 = 7	16 − 9 = 7	18 − 1 = 17	12 − 1 = 11
13 − 8 = 5	20 − 3 = 17	15 − 4 = 11	14 − 6 = 8	15 − 9 = 6	14 − 5 = 9	Math Blaster Score /20

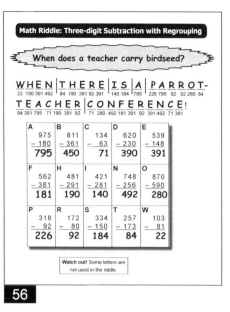

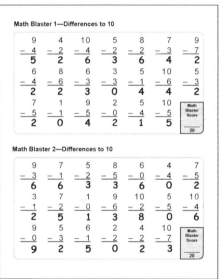

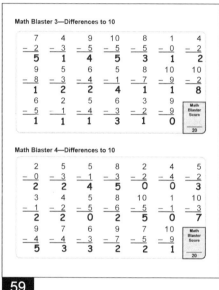

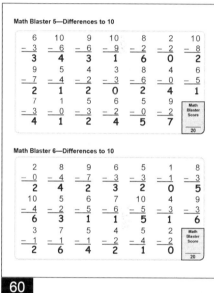

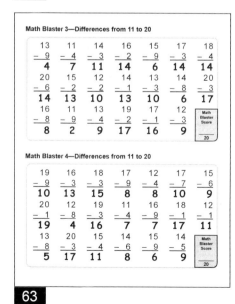

Math Blaster 5—Differences from 11 to 20

13	16	19	18	19	12	20
− 2	− 8	− 3	− 8	− 4	− 3	− 2
11	**8**	**16**	**10**	**15**	**9**	**18**
16	11	12	14	15	13	18
− 3	− 4	− 8	− 6	− 7	− 5	− 9
13	**7**	**4**	**8**	**8**	**8**	**9**
13	14	11	17	17	14	Math Blaster Score
− 6	− 1	− 6	− 9	− 7	− 7	
7	**13**	**5**	**8**	**10**	**7**	20

Math Blaster 6—Differences from 11 to 20

20	12	18	16	18	17	15
− 2	− 7	− 2	− 1	− 9	− 9	− 3
18	**5**	**16**	**15**	**9**	**8**	**12**
19	15	19	11	16	17	14
− 3	− 8	− 2	− 5	− 8	− 2	− 9
16	**7**	**17**	**6**	**8**	**15**	**5**
13	20	12	14	17	12	Math Blaster Score
− 7	− 1	− 2	− 7	− 8	− 9	
6	**19**	**10**	**7**	**9**	**3**	20

64

Math Blaster 7—Differences from 11 to 20

16	11	14	13	13	17	20
− 6	− 8	− 9	− 7	− 9	− 8	− 10
10	**3**	**5**	**6**	**4**	**9**	**10**
13	16	12	14	15	11	12
− 8	− 1	− 6	− 5	− 5	− 3	− 5
5	**15**	**6**	**9**	**10**	**8**	**7**
15	17	15	19	14	18	Math Blaster Score
− 4	− 11	− 6	− 9	− 4	− 2	
11	**6**	**9**	**10**	**10**	**16**	20

Math Blaster 8—Differences from 11 to 20

19	20	18	15	16	17	15
− 9	− 5	− 8	− 4	− 2	− 8	− 9
10	**15**	**10**	**11**	**14**	**9**	**6**
12	12	19	20	14	18	17
− 7	− 4	− 2	− 2	− 2	− 5	− 10
5	**8**	**17**	**18**	**12**	**13**	**7**
13	11	12	14	17	14	Math Blaster Score
− 6	− 9	− 6	− 3	− 2	− 9	
7	**2**	**6**	**11**	**15**	**5**	20

65

Math Blaster 9—Differences from 11 to 20

13	11	14	14	11	17	18
− 9	− 4	− 3	− 8	− 9	− 3	− 4
4	**7**	**11**	**6**	**2**	**14**	**14**
15	13	19	14	15	13	20
− 6	− 3	− 2	− 1	− 2	− 4	− 3
9	**10**	**17**	**13**	**13**	**9**	**17**
16	16	19	12	17	12	Math Blaster Score
− 8	− 2	− 9	− 2	− 1	− 3	
8	**14**	**10**	**10**	**16**	**9**	20

Math Blaster 10—Differences from 11 to 20

19	17	18	16	15	17	15
− 10	− 9	− 8	− 8	− 6	− 10	− 9
9	**8**	**10**	**8**	**9**	**7**	**6**
20	18	16	11	19	12	12
− 9	− 2	− 7	− 10	− 9	− 6	− 3
11	**16**	**9**	**1**	**10**	**6**	**9**
13	20	12	14	17	14	Math Blaster Score
− 4	− 10	− 2	− 6	− 3	− 7	
9	**10**	**10**	**8**	**14**	**7**	20

66

Math Blaster 1—Two-digit Subtraction Without Regrouping

28	69	64	99	74	87	43
− 16	− 31	− 33	− 42	− 54	− 63	− 22
12	**38**	**31**	**57**	**20**	**24**	**21**
69	87	62	54	65	89	98
− 27	− 51	− 51	− 1	− 53	− 29	− 85
42	**36**	**11**	**53**	**12**	**60**	**13**
97	78	96	86	73	93	Math Blaster Score
− 76	− 26	− 24	− 42	− 73	− 62	
21	**52**	**72**	**44**	**0**	**31**	20

Math Blaster 2—Two-digit Subtraction Without Regrouping

90	69	78	25	78	89	32
− 80	− 49	− 50	− 13	− 31	− 76	− 20
10	**20**	**28**	**12**	**47**	**13**	**12**
99	45	89	83	76	81	88
− 78	− 14	− 42	− 52	− 64	− 70	− 65
21	**31**	**47**	**31**	**12**	**11**	**23**
59	58	99	37	94	78	Math Blaster Score
− 29	− 33	− 64	− 37	− 53	− 46	
30	**25**	**35**	**0**	**41**	**32**	20

67

Math Blaster 3—Two-digit Subtraction Without Regrouping

69	84	65	59	79	89	97
− 27	− 50	− 33	− 31	− 57	− 19	− 86
42	**34**	**32**	**28**	**22**	**70**	**11**
94	72	69	53	75	97	54
− 73	− 72	− 31	− 2	− 40	− 63	− 13
21	**0**	**38**	**51**	**35**	**34**	**41**
96	49	86	99	96	25	Math Blaster Score
− 62	− 29	− 32	− 49	− 21	− 13	
34	**20**	**54**	**50**	**75**	**12**	20

Math Blaster 4—Two-digit Subtraction Without Regrouping

32	53	78	45	19	67	54
− 12	− 52	− 50	− 31	− 14	− 44	− 22
20	**1**	**28**	**14**	**5**	**23**	**32**
56	78	97	60	24	69	23
− 13	− 63	− 76	− 20	− 22	− 41	− 12
43	**15**	**21**	**40**	**2**	**28**	**11**
57	39	98	33	79	69	Math Blaster Score
− 37	− 13	− 16	− 21	− 8	− 58	
20	**26**	**82**	**12**	**71**	**11**	20

68

Math Blaster 5—Two-digit Subtraction Without Regrouping

95	38	38	82	54	97	25
− 51	− 20	− 37	− 22	− 34	− 63	− 14
44	**18**	**1**	**60**	**20**	**34**	**11**
78	15	59	96	85	39	58
− 67	− 12	− 47	− 51	− 41	− 25	− 8
11	**3**	**12**	**45**	**44**	**14**	**50**
46	76	64	85	24	12	Math Blaster Score
− 26	− 24	− 33	− 44	− 13	− 11	
20	**52**	**31**	**41**	**11**	**1**	20

Math Blaster 6—Two-digit Subtraction Without Regrouping

95	78	71	42	86	68	56
− 12	− 74	− 50	− 31	− 21	− 44	− 45
83	**4**	**21**	**11**	**65**	**24**	**11**
90	37	87	48	75	15	49
− 50	− 14	− 26	− 20	− 34	− 10	− 12
40	**23**	**61**	**28**	**41**	**5**	**37**
60	55	84	43	59	49	Math Blaster Score
− 50	− 14	− 72	− 32	− 13	− 40	
10	**41**	**12**	**11**	**46**	**9**	20

69

Math Blaster 7—Two-digit Subtraction Without Regrouping

43	99	87	66	82	27	76
− 21	− 48	− 44	− 33	− 30	− 24	− 52
22	**51**	**43**	**33**	**52**	**3**	**24**
93	35	68	57	96	19	38
− 61	− 24	− 67	− 36	− 56	− 5	− 24
32	**11**	**1**	**21**	**40**	**14**	**14**
49	55	77	88	87	88	Math Blaster Score
− 27	− 23	− 52	− 24	− 53	− 48	
22	**32**	**25**	**64**	**34**	**40**	20

Math Blaster 8—Two-digit Subtraction Without Regrouping

60	47	87	84	59	64	93
− 50	− 20	− 13	− 33	− 57	− 54	− 40
10	**27**	**74**	**51**	**2**	**10**	**53**
94	99	86	87	38	45	48
− 42	− 79	− 26	− 61	− 14	− 21	− 36
52	**20**	**60**	**26**	**24**	**24**	**12**
90	17	78	62	43	93	Math Blaster Score
− 80	− 16	− 26	− 40	− 32	− 73	
10	**1**	**52**	**22**	**11**	**20**	20

70

Math Blaster 9—Two-digit Subtraction Without Regrouping

81	44	69	37	81	67	59
− 20	− 42	− 31	− 14	− 30	− 51	− 48
61	**2**	**38**	**23**	**51**	**16**	**11**
43	66	49	53	49	27	54
− 1	− 5	− 25	− 32	− 24	− 10	− 4
42	**61**	**24**	**21**	**25**	**17**	**50**
98	86	55	88	55	87	Math Blaster Score
− 66	− 61	− 20	− 34	− 43	− 15	
32	**25**	**35**	**54**	**12**	**72**	20

Math Blaster 10—Two-digit Subtraction Without Regrouping

93	47	43	57	99	45	98
− 50	− 27	− 30	− 23	− 57	− 21	− 47
43	**20**	**13**	**34**	**42**	**24**	**51**
60	43	17	66	32	86	60
− 50	− 32	− 13	− 65	− 11	− 12	− 10
10	**11**	**4**	**1**	**21**	**74**	**50**
74	61	78	87	64	48	Math Blaster Score
− 22	− 41	− 66	− 13	− 23	− 33	
52	**20**	**12**	**74**	**41**	**15**	20

71

Math Blaster 1—Two-digit Subtraction with Regrouping

96	72	81	45	82	55	86
− 68	− 44	− 66	− 29	− 39	− 47	− 18
28	**28**	**15**	**16**	**43**	**8**	**68**
81	61	66	52	40	66	55
− 29	− 57	− 38	− 33	− 29	− 7	− 49
52	**4**	**28**	**19**	**11**	**59**	**6**
43	34	50	88	20	54	Math Blaster Score
− 9	− 16	− 24	− 29	− 17	− 9	
34	**18**	**26**	**59**	**3**	**45**	20

Math Blaster 2—Two-digit Subtraction with Regrouping

60	83	40	53	41	61	42
− 59	− 17	− 33	− 27	− 25	− 49	− 38
1	**66**	**7**	**26**	**16**	**12**	**4**
60	91	82	63	51	34	90
− 16	− 37	− 16	− 24	− 43	− 19	− 53
44	**54**	**66**	**39**	**8**	**15**	**37**
97	96	76	75	42	72	Math Blaster Score
− 48	− 57	− 58	− 69	− 33	− 24	
49	**39**	**18**	**6**	**9**	**48**	20

72

Math Blaster 3—Two-digit Subtraction with Regrouping

60	78	56	47	50	85	30
− 3	− 39	− 17	− 28	− 23	− 59	− 18
57	**39**	**39**	**19**	**27**	**26**	**12**
93	22	86	91	50	41	94
− 67	− 15	− 47	− 22	− 26	− 15	− 6
26	**7**	**39**	**69**	**24**	**26**	**88**
94	75	83	43	64	82	Math Blaster Score
− 56	− 7	− 18	− 29	− 37	− 53	
38	**68**	**65**	**14**	**27**	**29**	20

Math Blaster 4—Two-digit Subtraction with Regrouping

96	78	60	55	97	35	21
− 57	− 49	− 32	− 19	− 59	− 28	− 19
39	**29**	**28**	**36**	**38**	**7**	**2**
90	84	90	47	31	53	84
− 57	− 65	− 62	− 29	− 16	− 18	− 25
33	**19**	**28**	**18**	**15**	**35**	**59**
70	60	88	84	73	52	Math Blaster Score
− 15	− 41	− 69	− 26	− 35	− 34	
55	**19**	**19**	**58**	**38**	**18**	20

73

Math Blaster 5—Two-digit Subtraction with Regrouping

80	42	45	90	52	61	60
− 44	− 36	− 38	− 28	− 33	− 57	− 53
36	**6**	**7**	**62**	**19**	**4**	**7**
90	65	21	60	83	71	50
− 62	− 7	− 15	− 59	− 14	− 22	− 31
28	**58**	**6**	**1**	**69**	**49**	**19**
97	81	84	96	52	75	Math Blaster Score
− 69	− 14	− 58	− 77	− 15	− 48	
28	**67**	**26**	**19**	**37**	**27**	20

Math Blaster 6—Two-digit Subtraction with Regrouping

50	34	40	34	75	83	91
− 47	− 25	− 34	− 27	− 29	− 47	− 14
3	**9**	**6**	**7**	**46**	**36**	**77**
70	67	52	61	70	38	84
− 12	− 38	− 28	− 49	− 32	− 19	− 19
58	**29**	**24**	**12**	**38**	**19**	**65**
42	92	87	51	82	51	Math Blaster Score
− 27	− 53	− 29	− 13	− 65	− 26	
15	**39**	**58**	**38**	**17**	**25**	20

74

Math Blaster 7—Two-digit Subtraction with Regrouping

80	90	55	96	31	90	90
− 61	− 49	− 28	− 77	− 15	− 57	− 53
19	**41**	**27**	**19**	**16**	**33**	**37**
67	31	84	42	54	34	20
− 48	− 22	− 59	− 14	− 18	− 28	− 18
19	**9**	**25**	**28**	**36**	**6**	**2**
88	64	91	46	63	70	Math Blaster Score
− 49	− 15	− 7	− 18	− 36	− 21	
39	**49**	**84**	**28**	**27**	**49**	20

Math Blaster 8—Two-digit Subtraction with Regrouping

82	55	40	34	62	83	91
− 67	− 29	− 34	− 27	− 25	− 45	− 34
15	**26**	**6**	**7**	**37**	**38**	**57**
70	50	67	61	82	78	51
− 12	− 42	− 29	− 59	− 38	− 19	− 26
58	**8**	**38**	**2**	**44**	**59**	**25**
32	92	63	40	92	94	Math Blaster Score
− 19	− 65	− 38	− 13	− 53	− 76	
13	**27**	**25**	**27**	**39**	**18**	20

75

Math Blaster 9—Two-digit Subtraction with Regrouping

80	90	66	66	33	91	82
− 19	− 45	− 28	− 27	− 15	− 27	− 68
61	**45**	**38**	**39**	**18**	**64**	**14**
80	51	84	62	53	52	64
− 22	− 48	− 37	− 18	− 16	− 36	− 48
58	**3**	**47**	**44**	**37**	**16**	**16**
77	91	34	44	93	73	Math Blaster Score
− 28	− 5	− 15	− 18	− 77	− 56	
49	**86**	**19**	**26**	**16**	**17**	20

Math Blaster 10—Two-digit Subtraction with Regrouping

32	82	93	34	65	65	36
− 18	− 44	− 38	− 27	− 16	− 48	− 17
14	**38**	**55**	**7**	**49**	**17**	**19**
93	70	71	81	65	63	55
− 69	− 39	− 32	− 59	− 58	− 18	− 26
24	**31**	**39**	**22**	**7**	**45**	**29**
81	65	60	52	44	41	Math Blaster Score
− 33	− 29	− 28	− 28	− 25	− 19	
48	**36**	**32**	**24**	**19**	**22**	20

76

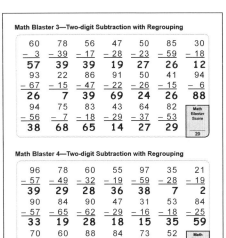

Math Blaster 1—Three-digit Subtraction Without Regrouping

879	454	696	563	482	355	553
− 231	− 203	− 385	− 332	− 241	− 34	− 132
648	**251**	**311**	**231**	**241**	**321**	**421**
269	687	897	587	459	203	564
− 143	− 126	− 667	− 161	− 224	− 103	− 461
126	**561**	**230**	**426**	**235**	**100**	**103**
988	782	479	583	673	286	Math Blaster Score
− 916	− 232	− 452	− 252	− 240	− 172	
72	**550**	**27**	**331**	**433**	**114**	20

Math Blaster 2—Three-digit Subtraction Without Regrouping

769	769	886	457	245	869	393
− 110	− 665	− 614	− 143	− 241	− 541	− 190
659	**104**	**272**	**314**	**4**	**328**	**203**
998	753	642	597	449	684	248
− 687	− 332	− 330	− 431	− 104	− 283	− 133
311	**421**	**312**	**166**	**345**	**401**	**115**
963	399	778	987	843	574	Math Blaster Score
− 651	− 347	− 755	− 133	− 422	− 222	
312	**52**	**23**	**854**	**421**	**352**	20

77

Math Blaster 3—Three-digit Subtraction Without Regrouping

783	256	257	143	522	945	996
− 542	− 220	− 146	− 22	− 210	− 711	− 854
241	**36**	**111**	**121**	**312**	**234**	**142**
463	153	687	892	588	277	838
− 440	− 123	− 146	− 720	− 323	− 114	− 510
23	**30**	**541**	**172**	**265**	**163**	**328**
996	489	679	348	668	793	Math Blaster Score
− 394	− 355	− 238	− 127	− 431	− 261	
602	**134**	**441**	**221**	**237**	**532**	20

Math Blaster 4—Three-digit Subtraction Without Regrouping

397	149	362	259	999	658	258
− 206	− 28	− 131	− 215	− 237	− 217	− 134
191	**121**	**231**	**44**	**762**	**441**	**124**
475	979	492	749	561	536	685
− 130	− 749	− 360	− 227	− 530	− 201	− 524
345	**230**	**132**	**522**	**31**	**335**	**161**
897	138	765	886	975	869	Math Blaster Score
− 150	− 120	− 164	− 634	− 453	− 501	
747	**18**	**601**	**252**	**522**	**368**	20

78

Math Blaster 5—Three-digit Subtraction Without Regrouping

975	568	849	468	853	869	794
− 432	− 533	− 518	− 238	− 441	− 157	− 330
543	**35**	**331**	**230**	**412**	**712**	**464**
743	766	682	298	668	865	763
− 612	− 242	− 351	− 142	− 527	− 244	− 412
131	**524**	**331**	**156**	**141**	**621**	**351**
997	557	920	989	448	560	Math Blaster Score
− 690	− 315	− 220	− 178	− 316	− 150	
307	**242**	**700**	**811**	**132**	**410**	20

Math Blaster 6—Three-digit Subtraction Without Regrouping

896	687	454	387	389	853	556
− 131	− 381	− 340	− 174	− 144	− 451	− 402
765	**306**	**114**	**213**	**245**	**402**	**154**
871	369	741	639	522	857	934
− 221	− 300	− 311	− 412	− 210	− 234	− 131
650	**69**	**430**	**227**	**312**	**623**	**803**
536	745	645	577	996	756	Math Blaster Score
− 21	− 222	− 645	− 143	− 583	− 145	
515	**523**	**0**	**434**	**413**	**611**	20

79

Math Blaster 7—Three-digit Subtraction Without Regrouping

793	579	758	948	345	854	528
− 560	− 263	− 425	− 816	− 231	− 242	− 410
233	**316**	**333**	**132**	**114**	**612**	**118**
189	637	966	889	999	297	681
− 149	− 123	− 515	− 674	− 140	− 201	− 560
40	**514**	**451**	**215**	**859**	**96**	**121**
471	297	438	569	358	668	Math Blaster Score
− 220	− 150	− 124	− 137	− 134	− 345	
251	**147**	**314**	**432**	**224**	**323**	20

Math Blaster 8—Three-digit Subtraction Without Regrouping

839	359	769	637	796	765	896
− 112	− 125	− 551	− 424	− 253	− 320	− 574
727	**234**	**218**	**213**	**543**	**445**	**322**
487	579	152	544	688	979	494
− 262	− 247	− 110	− 330	− 142	− 718	− 431
225	**332**	**42**	**214**	**546**	**261**	**63**
872	365	668	943	983	856	Math Blaster Score
− 110	− 264	− 633	− 310	− 941	− 221	
762	**101**	**35**	**633**	**42**	**635**	20

80

Math Blaster 9—Three-digit Subtraction Without Regrouping

682	797	935	756	835	995	176
− 410	− 373	− 524	− 132	− 513	− 840	− 153
272	**424**	**411**	**624**	**322**	**155**	**23**
989	258	956	368	587	894	968
− 661	− 105	− 423	− 314	− 134	− 321	− 354
328	**153**	**533**	**54**	**453**	**573**	**614**
678	348	568	267	697	489	Math Blaster Score
− 322	− 238	− 427	− 226	− 521	− 260	
356	**110**	**141**	**41**	**176**	**229**	20

Math Blaster 10—Three-digit Subtraction Without Regrouping

337	269	989	337	458	667	938
− 216	− 165	− 451	− 24	− 322	− 407	− 212
121	**104**	**538**	**313**	**136**	**260**	**726**
499	568	868	868	772	679	156
− 463	− 413	− 655	− 120	− 351	− 550	− 125
36	**155**	**213**	**748**	**421**	**129**	**31**
649	584	198	968	845	783	Math Blaster Score
− 311	− 242	− 138	− 245	− 324	− 731	
338	**342**	**60**	**723**	**521**	**52**	20

81

Math Blaster 1—Three-digit Subtraction with Regrouping

929	843	555	636	466	261	375
− 858	− 418	− 228	− 396	− 248	− 157	− 247
71	**425**	**327**	**240**	**218**	**104**	**128**
427	361	446	423	988	561	770
− 155	− 252	− 283	− 371	− 393	− 137	− 421
272	**109**	**163**	**52**	**595**	**424**	**349**
535	821	770	354	682	557	Math Blaster Score
− 107	− 514	− 141	− 260	− 453	− 473	
428	**307**	**629**	**94**	**229**	**84**	20

Math Blaster 2—Three-digit Subtraction with Regrouping

860	754	917	831	593	916	727
− 151	− 294	− 392	− 370	− 567	− 493	− 241
709	**460**	**525**	**461**	**26**	**423**	**486**
676	415	824	454	353	421	904
− 139	− 262	− 184	− 335	− 193	− 371	− 454
537	**153**	**640**	**119**	**160**	**50**	**450**
978	609	773	883	560	467	Math Blaster Score
− 409	− 243	− 581	− 147	− 435	− 385	
569	**366**	**192**	**736**	**125**	**82**	20

82

Math Blaster 3—Three-digit Subtraction with Regrouping

946	781	555	680	224	855	660
− 562	− 391	− 172	− 312	− 174	− 593	− 223
384	**390**	**383**	**368**	**50**	**262**	**437**
842	503	862	451	766	830	931
− 533	− 261	− 437	− 270	− 581	− 111	− 617
309	**242**	**425**	**181**	**185**	**719**	**314**
302	419	506	436	475	964	Math Blaster Score
− 152	− 154	− 295	− 256	− 248	− 356	
150	**265**	**211**	**180**	**227**	**608**	20

Math Blaster 4—Three-digit Subtraction with Regrouping

936	642	554	804	731	603	906
− 576	− 105	− 194	− 262	− 303	− 412	− 573
360	**537**	**360**	**542**	**428**	**191**	**333**
214	310	359	411	573	718	744
− 191	− 150	− 279	− 290	− 128	− 491	− 254
23	**160**	**80**	**121**	**445**	**227**	**490**
528	908	883	605	971	707	Math Blaster Score
− 345	− 622	− 691	− 321	− 591	− 145	
183	**286**	**192**	**284**	**380**	**562**	20

83

Math Blaster 5—Three-digit Subtraction with Regrouping

806	852	894	934	684	641	947
− 423	− 329	− 587	− 28	− 476	− 505	− 881
383	**523**	**307**	**906**	**208**	**136**	**66**
690	228	796	751	873	572	507
− 642	− 165	− 718	− 202	− 14	− 164	− 316
48	**63**	**78**	**549**	**859**	**408**	**191**
957	381	545	609	432	753	Math Blaster Score
− 629	− 145	− 327	− 589	− 316	− 591	
328	**236**	**218**	**20**	**116**	**162**	20

Math Blaster 6—Three-digit Subtraction with Regrouping

941	515	460	324	374	863	980
− 134	− 130	− 353	− 217	− 245	− 416	− 467
807	**385**	**107**	**107**	**129**	**447**	**513**
544	875	389	661	582	706	853
− 26	− 292	− 190	− 419	− 268	− 325	− 109
518	**583**	**199**	**242**	**314**	**381**	**744**
432	715	687	612	968	719	Math Blaster Score
− 251	− 291	− 329	− 604	− 570	− 127	
181	**424**	**358**	**8**	**398**	**592**	20

84

Math Blaster 7—Three-digit Subtraction with Regrouping

817	455	667	641	391	559	858
− 209	− 219	− 381	− 537	− 329	− 470	− 519
608	**236**	**286**	**104**	**62**	**89**	**339**
423	454	809	676	447	525	546
− 119	− 406	− 616	− 228	− 297	− 306	− 273
304	**46**	**193**	**448**	**150**	**219**	**273**
964	858	530	290	347	856	Math Blaster Score
− 655	− 219	− 224	− 178	− 164	− 138	
309	**639**	**306**	**112**	**183**	**718**	20

Math Blaster 8—Three-digit Subtraction with Regrouping

912	453	450	354	768	873	864
− 342	− 308	− 314	− 137	− 139	− 45	− 736
570	**145**	**136**	**217**	**629**	**828**	**128**
595	520	697	842	538	936	722
− 36	− 413	− 229	− 262	− 398	− 243	− 119
559	**107**	**468**	**580**	**140**	**693**	**603**
750	951	642	508	618	862	Math Blaster Score
− 122	− 291	− 405	− 138	− 597	− 690	
628	**660**	**237**	**370**	**21**	**172**	20

85

Math Blaster 9—Three-digit Subtraction with Regrouping

806	656	443	664	333	537	644
− 223	− 270	− 18	− 284	− 125	− 176	− 427
583	**386**	**425**	**380**	**208**	**361**	**217**
797	518	847	905	986	914	735
− 238	− 488	− 355	− 455	− 267	− 544	− 562
559	**30**	**492**	**450**	**719**	**370**	**173**
801	592	348	923	629	812	Math Blaster Score
− 191	− 346	− 154	− 772	− 180	− 681	
610	**246**	**194**	**151**	**449**	**131**	20

Math Blaster 10—Three-digit Subtraction with Regrouping

933	822	708	364	851	655	936
− 616	− 404	− 538	− 237	− 129	− 429	− 417
317	**418**	**170**	**127**	**722**	**226**	**519**
492	735	685	542	781	564	451
− 188	− 316	− 568	− 218	− 362	− 245	− 19
304	**419**	**117**	**324**	**419**	**319**	**432**
871	865	609	865	693	554	Math Blaster Score
− 345	− 329	− 258	− 106	− 188	− 262	
526	**536**	**351**	**759**	**505**	**292**	20

86